Zoppot

Cranz

Rigascher Strand

Olga Kurilo

Zoppot
Cranz
Rigascher Strand

Ostseebäder im 19. und 20. Jahrhundert

be.bra
wissenschaft verlag

Bibliografische Informationen der Deutschen Nationalbibliothek
Die Deutsche Nationalbibliothek verzeichnet diese Publikation in der Deutschen Nationalbibliografie; detaillierte bibliografische Daten sind im Internet über http://dnb.d-nb.de abrufbar.

KulturBrauerei Haus 2
Schönhauser Allee 37, 10435 Berlin
post@bebraverlag.de
Lektorat: Matthias Zimmermann, Berlin
Umschlag: typegerecht berlin, Berlin
Innengestaltung: Friedrich, Berlin
Schrift: Candara 9,5/12 pt
Printed in Germany
ISBN 978-3-937233-81-9

www.bebra-wissenschaft.de

Inhalt

Spuren im Sand – Ostseebäder im 20. Jahrhundert

Karl Schlögel

Auch die Traumlandschaften der Ostsee sind von den Erschütterungen des Jahres 1989 nicht unberührt geblieben.[1] Für viele im Westen waren sie eine große Entdeckung, nachdem sie für lange Zeit verschwunden, unzugänglich oder nur mühsam erreichbar gewesen waren. Für die meisten Leute im Osten sind sie bis heute verbunden mit den schönsten Erinnerungen an einen glücklichen Sommer, ein unvergessliches Erlebnis der Kindheit und Abenteuer der Adoleszenz – waren sie doch auch so etwas wie eine Entschädigung für das, was einem versperrt geblieben war: die große weite Welt jenseits des Eisernen Vorhangs, den es auch hier gab, unsichtbar zwar am Horizont, aber unüberwindlich und gefährlich wie andernorts.

Nun ist alles in Bewegung geraten. Allmählich ändert sich auch die Geografie Europas in den Köpfen. Dort gibt es nun wieder einen baltischen Raum um die Ostsee herum, dessen Zusammenhang man fast mit Händen greifen kann: in den Stadtansichten mit den von spitzen Kirchtürmen und Bürgerhäusern geprägten Städten, die einmal der Hanse angehört hatten. Es gibt wieder das Netz der Verbindungen, das im vergangenen Jahrhundert erst im Krieg, dann in einem halbhundertjährigen Nachkrieg fast gänzlich aufgelöst worden war. Nun gibt es wieder die Fährverbindungen zwischen Rostock und Klaipėda, zwischen Karlshamn und Ventspils, zwischen Gdańsk und Ystadt, zwischen Stockholm und Riga. Zuletzt sind die Destinationen der Billigflieger hinzugekommen. Das Hin und Her ist längst schon unspektakuläre Routine geworden. Der baltische Raum fügt sich neu zusammen: Erst waren es nur die Touristen, jetzt sind es die Pendler, ohne die die Wirtschaften Skandinaviens und Polens und des Baltikums schon nicht mehr funktionieren würden. Und so allmählich taucht auch ein Zusammenhang wieder auf, der von Travemünde über Ahlbeck und Międzyzdroje/Misdroy, über Sopot/Zoppot und Swetlogorsk/Rauschen, über Nida/Nidden und Jūrmala/Rigascher Strand bis Pärnu/Pernau und Narwa reicht, jene von einem weißen Strand gezeichnete Linie, die man am besten vom Flugzeug aus erkennt: die Küste der Ostsee und die daran aufgereihten Badeorte.

Strände sind auf den ersten Blick die geschichtsfernsten Orte, die sich denken lassen. Hier halten das Rauschen des Meers und der Wind Zwiesprache mit dem Land, das sich in Dünen und karger Vegetation erstreckt. Es ist ein Raum der immerwährenden Wiederkehr von Ebbe und Flut. Jede Spur wird gelöscht von der ersten Welle, die über den Sand hinwegrollt. Nirgends scheint der Mensch dem Gedränge und der Kleinlichkeit des Alltags ferner, nirgends der Natur näher als auf dem schmalen Saum, wo sich Land und Meer berühren. Aber wie immer stellt sich beim zweiten Blick schnell heraus, dass auch die vollkommen unberührte Welt gezeichnet ist, und dass noch an den einsamsten Stränden die Geschichte ihre Spur hinterlassen hat.

Das geteilte Europa hatte seine Zentren und Peripherien und seine je eigenen Traumlandschaften. Was den einen die Costa Brava und der Strand von Rimini waren, waren den anderen der Goldstrand an der bulgarischen oder Sotschi an der russischen Schwarzmeerküste. Zeitweise gab es jene privilegierten dritten Orte, an denen sich Ost und West vermischten: an den Ufern des Plattensees oder in den Buchten der jugoslawischen Adria. In der Urlaubsgeografie Nachkriegseuropas waren Entfernungen und Nachbarschaften auseinandergerückt. Die Strände von Antalya oder Mallorca waren von Westberlin oder Hamburg aus leichter zu erreichen als Rügen und Usedom. Manche Urlaubsregionen – die dänische Küste, Insel Bornholm etwa – verdankten ihren Aufstieg der Teilung Europas; sie waren an die Stelle der alten Ostseebäder getreten. Im Zeitalter des globalisierten Tourismus mit weißen Traumstränden, Palmen und tiefseeblauem Meer waren die Ostseebäder fast zwangsläufig ins Abseits geraten und nur noch etwas für all jene, die vom Zauber des Nordens nicht lassen konnten oder eben keine Alternative hatten. Das Nachkriegseuropa hatte seine eigenen Ferienlandschaften hervorgebracht, zeitlich verzögert, aber als Massenphänomen in vielem identisch – von der Architektur, den Einkaufspassagen, dem Nachtleben bis hin zu Animationsbetrieb und Festivals. Der ganze Kraft- und Lebensüberschuss, der sich ansonsten in den großen Städten und im Arbeitsleben konzentrierte, schien sich im Sommer auf den schmalen Küstenstreifen zusammenzuziehen – ein grenzüberschreitendes Europa an einem Strand, der von Torremolinos bis Sotschi, von Blackpool bis Sharm-el-Sheik reichte. Im Westen musste jeder selber klarkommen, im Osten war der organisierte Tourismus stärker; im Westen ballte sich der Verkehr auf den Autobahnen nach Süden, im Osten waren es die Züge, deren Endstationen jedem vertraut waren: Simferopol, Sewastopol, Odessa, Varna, Noworossisk, Adler im Süden; Binz, Zinnowitz und Heringsdorf auf Usedom; Świnoujście/Swinemünde, und von dort nach Międzyzdroje/Misdroy; Gdańsk/Danzig und von dort nach Sopot/Zoppot, Kaliningrad/Königsberg und von dort nach Swetlogorsk/Rauschen und Selenogradsk/Cranz, Klaipėda/Memel und von dort nach Nida/Nidden oder Palanga/Polangen. An diesen Orten fanden sich sehr gemischte Gesellschaften ein: die Privilegierten, die schon lange ihre Plätze in den Sanatorien des Schriftsteller- oder Komponistenverbandes reserviert hatten; ein hauptstädtisch blasiertes Publikum, dem man es nie recht machen konnte; Bestarbeiter, die über ihre Gewerkschaft oder ihren Betrieb einen Platz bekommen hatten; Kinder, die das Glück hatten, für den Sommer im Pionier- und Jugendlager untergekommen zu sein; aber auch Westtouristen, die für ihre Valuta sich fast alles leisten und daher mehr als anderen erlauben konnten. Nicht zu vergessen die sogenannten »Wilden«, die irgendwo zwischen den Dünen ihr Zelt aufschlugen, um Urlaub von der Welt des realen Sozialismus zu machen.

Nicht anders als Urlaubsorte an der Costa Smeralda oder an der Adria waren auch die Urlaubsorte am Baltischen und Schwarzen Meer so etwas wie Gegenwelten, in denen für einen kurzen Sommer wenigstens die Zwänge des Alltags, der Kontrolle und Disziplin aufgehoben schienen, Orte der Freiheit und noch mehr der Freizügigkeit. Selbst, wenn auch dort die Urlauber den Widrigkeiten des sozialistischen Alltags nicht entgingen, Schlange standen in Lebensmittelgeschäften und Restaurants, untergebracht waren in arg beengten und oft primitiven Ferienheimen, gestresst wurden durch die Beschaffung der immer defizitären Fahrkarten usf., so verbinden sich mit den Ferien an der Ostsee doch intensive Erinnerungen nicht nur an das Meer und die Sonne. Eine Reise nach Jūrmala und Nida war für die meisten Sowjetbürger eine Reise nach Europa oder in den Westen. In den Bädern an der Ostsee, ob in Ahlbeck, Heringsdorf oder Sopot ging es, wie beschränkt und miefig die Ostblockwelt sonst gewesen sein mag, mit all den ausländischen Gästen weltläufiger zu. An den Verkaufsständen und Boutiquen auf den Promenaden gab es neben Bernstein in allen Variationen und Preisklassen Dinge zu kaufen, die sonst im Osten nur schwer zu bekommen waren. Und wer sich für Kultur interessierte, konnte die Elektrische nehmen, und vom Rigaschen Strand zum Orgelkonzert in die Petrikirche fahren.

Zehntausende drängten sich tagsüber am Strand, aber viele von ihnen waren nur gekommen, um sich, wenn die Sonne untergegangen war, in das Nachtleben zu stürzen, für das die Ostseebäder berühmt waren. Die Badeorte an der Ostsee und am Schwarzen Meer waren Gegenwelten zur Monotonie und Enge des sozialistischen Alltags, Fluchtpunkte des kleinen Glücks von Abermillionen. Sie konnten vielleicht nicht mithalten mit dem Neonzauber und Flair italienischer oder spanischer Badeorte, aber ein Sommer in Sopot oder »im Sotschi des Nordens« Swetlogorsk half über den nächsten Winter und das nächste Jahr hinweg. Daher kann man ohne Weiteres sagen: kein realer Sozialismus ohne seine realen Gegenwelten, ob an der Ostsee oder am Schwarzen Meer. Dies bedeutet nicht weniger als zu verstehen, dass die Ferien- und Erholungsorte mit all ihrer Exotik nichts Marginales waren, sondern zentrale Orte, »Gemeinplätze« der sowjetisch-sozialistischen Lebenswelt.

Die Welt der Ostseebäder hat eine Vorgeschichte, die älter ist als die Teilung Europas. Man kann das mühelos, ja mit bloßem Auge erkennen, besonders seit man begonnen hat, diese Geschichte nicht mehr zu verstecken und ihre Denkmäler abzureißen, sondern sie wieder kenntlich zu machen und sogar herauszuputzen. Es gibt so etwas wie eine Bäderkultur, die von einem zum anderen Ende der Ostsee reicht. Man kann die Anfänge des Bäderwesens besichtigen, wenn man auf die neoklassizistische Anlage von Heiligendamm zugeht, dem Urtyp der weißen Bäderarchitektur, an dem sich noch der moderne, bürgerliche Bädertourismus des späten 19. und frühen 20. Jahrhunderts orientieren sollte. Viele von ihnen sind, ironischerweise durch den Stillstand der Zeit und die öffentliche Armut in den sozialistischen Ländern über die Runden gekommen, zwar umgenutzt und häufig verwahrlost, aber immerhin nicht abgerissen. Nun strahlen etliche, sorgfältig renoviert, wieder in ihrer ursprünglichen weißen Pracht. Die neoklassizistischen Bauten, Pensionen, Logierhäuser und Villen, die man zwischen Heiligendamm und Pärnu sehen kann, sagen etwas über die große Zeit der Bäder an der Ostsee, als »die Gesellschaft« aus den Hauptstädten, aus St. Petersburg oder Berlin, den Sommer an der See verbrachte. Jede Generation und Epoche hat den bestehenden Ensembles etwas Eigenes hinzugefügt: Kurhäuser und Konversationshäuser im Stil des Neobarock oder der Renaissance (wie in Binz und Swinemünde), Warmbäder und Lesehallen, Sanatorien und Hotels in dem Stil, welcher der Belle Époche am meisten entsprach: einem ebenso formenreichen wie dynamischen Jugendstil. Orte, die durch geschichtlichen Zufall von Kriegszerstörungen verschont blieben, wie zum Beispiel Swetlogorsk und Selenogradsk bei Kaliningrad, bieten nicht nur wunderbare Einzelgebäude, sondern sogar komplette Infrastruktureinrichtungen wie Bahnstationen, Wassertürme, Kirchen, Kraftwerke im Jugendstil.

Wer Ensembles der Belle Époche besichtigen möchte, noch dazu in ihrer sommerlichsten und leichtesten Form mit verglasten Veranden und Balkonen, muss sich nur nach Sellin, Ahlbeck, Międzyzdroje oder Jūrmala auf den Weg machen. Die 1920er und 1930er Jahre haben hinzugefügt, wofür die Schlagworte vom neuen Menschen, von Körperkultur und Körperkult standen: das Kurhaus von Warnemünde im Bauhausstil oder die weißen Schiffen gleichenden Hotels, die in Pärnu, der Sommerresidenz der estnischen Regierung, errichtet worden sind. Ein Superlativ und zugleich in seiner Monumentalität etwas bedrohlich und radikal Neues war die für 30.000 Feriengäste konzipierte, kilometerweit sich am Strand hinziehende Anlage in Prora auf Rügen, in der von spartanischen Unterkünften und Kinos bis zum Thingplatz alles vorhanden sein sollte, was den deutschen Volksgenossen »Kraft durch Freude« bringen würde.

Aber eigentlich war die Zeit der großen europäischen Bäder schon mit dem Ausbruch des Ersten Weltkriegs zu Ende. Der junge Stefan Zweig erfuhr vom Attentat in Sarajewo und den Ultimaten des Juli 1914 in den Ferien auf der Promenade von Ostende. Die Gesellschaft, die sich dort eingefunden hatte, löste sich mit einem Schlag auf. Die Zugverbindungen waren unterbrochen. Der Nord-Express, der einmal die russischen Badegäste von St. Petersburg nach Ostende, Biarritz oder Baden-Baden gebracht hatte, wurde eingestellt. Die Gäste, die bisher willkommen waren, waren nun »feindliche Ausländer«. Nach Kriegsende kam es zur Gründung neuer Staaten mit neuen Grenzen. Aus den Seebädern der Imperien wurden Orte nationaler Repräsentation und Refugien der neuen Eliten. Abbazia, einmal der mondäne Badeort an der Adria für die High Society aus Wien, Prag und Budapest, war zum jugoslawischen Opatija geworden, Riga-Strand/Rīgas Jūrmala war nun vor allem lettisch und Ust-Narwa, vor Krieg und Revolution einmal das Seebad der Petersburger Gesellschaft, war jetzt estnisch. In deutschen Seebädern pflegte man trotz Krise und ausbleibender Gäste Fremdenfeindlichkeit und erklärte sich mit nicht geringem Stolz für »judenfrei«. Nur die russische Diaspora ließ es sich nicht nehmen, noch eine Weile die angestammten Sommerfrischen aufzusuchen – Baden-Baden oder eben Ahlbeck und Heringsdorf, wo sich Wladimir Nabokow und Andrei Bely erholten.

Der Zweite Weltkrieg rückte auch an die einsamsten Strände und gepflegtesten Badeorte vor. Eines der grauenhaftesten Bilder der von Deutschen begangenen Verbrechen stammt vom 15. Dezember 1941 und zeigt jüdische Frauen, vollständig entkleidet, kurz vor ihrer Erschießung in den Dünen des Strandes von Libau, das einmal einer der wichtigsten Kur- und Badeorte in Kurland gewesen war. Auch die samländische Küste, berühmt für ihre sturmumtoste Schönheit, wurde zum Schauplatz eines großen Verbrechens noch kurz vor Kriegsende, als 5.000 Auschwitz-Häftlinge auf ihrem Todesmarsch in Palmnicken ankamen und dort am Strand ermordet wurden.

Der Krieg, der von Deutschland ausgegangen war, war nach Deutschland zurückgekehrt. In den Sanatorien und Erholungsheimen waren nun Flüchtlinge und Evakuierte untergebracht, Prora war zur Unterkunft für ausgebombte Hamburger geworden, viele Hotels dienten als Lazarette, in denen Wehrmachtssoldaten wieder fit gemacht werden sollten für den »Endkampf«. Die Bäderschiffe von einst wurden nun mit Tarnfarben gestrichen und zu Flüchtlingsschiffen umfunktioniert. Das Kreuzfahrtschiff »Wilhelm Gustloff«, ursprünglich gebaut für den »Kraft-durch-Freude«-Tourismus, dann als Truppentransporter und Lazarettschiff genutzt, sank, getroffen von einem sowjetischen Torpedo, am 30. Januar 1945 mit 10.000 Flüchtlingen an Bord vor der pommerschen Küste.

Heute profitieren die Ostseebäder vom Zauber der nördlichen Landschaft und vom Charme dessen, was sich erhalten hat, von der Schönheit der restaurierten weißen Villen und der wieder errichteten Seebrücken; sie profitieren von der Nähe zu den großen Städten, als deren Vororte sie ihre Karriere begonnen hatten; sie leben auch ein wenig vom Niedergang des Massentourismus in den klassischen Ferienregionen des Südens und nicht zuletzt von den Ängsten, die die Terroranschläge auf Touristen anderswo freigesetzt haben. Man kann nur hoffen, dass irgendwann auch eine Lösung für das letzte aus dem Zweiten Weltkrieg stammende Problem gefunden wird: für die Bergung und Entschärfung der Abertausenden von hochgiftigen Seeminen, die bis heute auf dem Grund der Ostsee liegen.

Stockholm
Tallinn
Schweden
Hiiumaa
Vormsi
Kärdla
Haapsalu
Rapla
Estland
Saaremaa
Muhu
Virtsu
Kihelkonna
Kuressaare
Pärnu
Manilaid
Kihnu
Ruhnu
Ainaži
Gotland
Ostsee
Golf von Riga
Ventspils
Valmie
Rigascher Strand /
Jūrmala
Riga
Kuldīga
Saldus
Lettland
Liepāja
Jelgava
Daugava
Biržai
Šiauliai
Panevėžys
Klaipėda
Litauen
Ostsee
Kėdainiai
Tauragė
Ukmerg
Nemunas
Cranz /
Selenogradsk
Kurische Nehrung
Neman
Kaunas
Golf von Gdańsk
Kaliningrad
Vilniu
Gdynia
Zoppot /
Sopot
Russische
Föderation
Gusev
Marijampole
Alytus
Gdańsk
Elbląg
Olsztyn
Hrodna
Polen
Nyoman
Białystok

Ostseebäder im geschichtlichen Wandel

Ansicht des Badehauses und des Neuen Saales bei Doberan an der Ostsee. Lithografie von A. Achilles, 1825

Die Wiege der Badekultur an der Ostsee

Der Ostseeraum erlebte seine erste Blüte als Zentrum der Badekultur und des Tourismus im 19. Jahrhundert, als er zum Magneten für Erholungssuchende vor allem aus Nordeuropa, zum Marktplatz des gesellschaftlichen Austauschs und der Eitelkeiten wurde. Den Anfang machte 1793 das Seebad Heiligendamm. Ein organisierter Badebetrieb in bedeutendem Umfang setzte sich jedoch erst in der ersten Hälfte des 19. Jahrhunderts durch, als eine Reihe von deutschen Seebädern an der Ostsee gegründet wurde: Travemünde (1800–1802), Kolberg (1802), Cranz (1816), Zoppot (1821) sowie Bansin auf Usedom (1897), um nur einige zu nennen.[1] Im gleichen Zeitraum entwickelte sich auch eine Badekultur im Baltikum, das bis zum Ersten Weltkrieg zum Russischen Reich gehörte. Die ersten Badegäste erschienen im Sommer

1814 in Dubbeln am Rigaschen Strand, heute Jūrmala (Lettland). Auf dem Gebiet des heutigen Estland wurden 1825 in Hapsal/Haapsalu, 1837 in Pernau/Pärnu, 1840 in Arensburg/Kuressaare und 1873 in Hungerburg/Narwa-Jõesuu Seebäder errichtet.[2]

Mehrere Faktoren begünstigten die Entstehung der Badekultur an der Ostsee. Erstens spielten die Seebäder in England eine wichtige Rolle. Die ältesten waren bereits 1730 in Scarborough und 1736 in Brighton entstanden, bis zum Beginn des 20. Jahrhunderts wurden in Großbritannien etwa 60 Seebäder gegründet.[3] Die englischen Bäder, die auch von Deutschen besucht wurden, gaben Impulse für Überlegungen zur Einrichtung von Badeanstalten auf dem Kontinent, so auch an der Ostsee. Zweitens förderte die Verbreitung der medizinischen Erkenntnisse über die Heilkraft des Meerwassers das Entstehen von Badeanstalten. Die Bäder an der Ostsee galten von Anfang an als medizinische Einrichtungen, wie in der Reiseliteratur der ersten Hälfte des 19. Jahrhunderts berichtet wurde. Ein Reisender, der 1823 Swinemünde besuchte, erwähnte Badende, die sich dort aufhielten, um »ihre geschwächte Gesundheit durch wohltätiges Baden im Meere zu stärken« und verwies auf »ärztliche Hilfe im Ort«.[4] Und drittens standen hinter der Gründung von Seebädern auch kommerzielle Motive. Herzog Friedrich Franz I. von Mecklenburg-Schwerin versprach sich vom Aufbau des Seebades in Doberan-Heiligendamm nicht zuletzt einen wirtschaftlichen Erfolg. Fast gleichzeitig mit der Badeanstalt eröffneten dort zwei Spielbanken, die für den Staat Gewinn einspielen sollten. Schließlich führte die Verbreitung der gesellschaftlichen Mode, zur Erholung in ein Bad zu reisen, dazu, dass die Badeorte zu populären Mittelpunkten gesellschaftlicher Repräsentation und des Vergnügens wurden.

Einen wichtigen Anstoß zur Entwicklung der Badekultur an der Ostsee gab der Artikel »Warum hat Deutschland noch kein öffentliches großes Seebad?«, den Georg Christoph Lichtenberg nach seinen Besuchen der englischen Seebäder Margate und Deal (1774, 1775) verfasste. Er eröffnete damit eine Diskussion über den geeigneten Standort für ein Seebad zwischen den Befürwortern der Ostsee und denen der Nordsee.[5] Für die Ostsee sprachen der leichtere Zugang zu einer ruhigeren See und die höheren Wassertemperaturen. Verschiedene Orte wurden vorgeschlagen. Nach der Meinung des damals noch jungen Arztes Christoph Wilhelm Hufeland, dem späteren Leibarzt des preußischen Königs Friedrich Wilhelm III., sollte das Seebad an der preußischen Küste liegen. Das erste Bad, »Heilige Damm bey Dobberan«, entstand 1793 jedoch an der Ostseeküste des Herzogtums Mecklen-

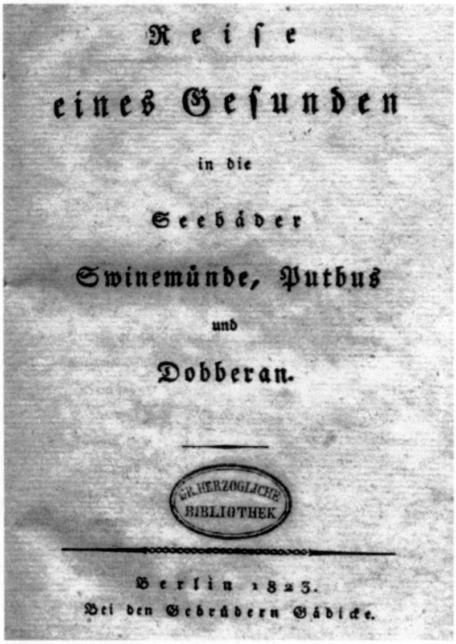

Reise
eines Gesunden
in die
Seebäder
Swinemünde, Putbus
und
Dobberan.

Berlin 1823.
Bei den Gebrüdern Gädicke.

»Reise eines Gesunden in die Seebäder Swinemünde, Putbus und Doberan«, Berlin 1823. Titelblatt

Samuel Gottlieb Vogel, der Begründer des ersten Seebades an der Ostsee. Kupferstich, 1823

burg-Schwerin. Das älteste deutsche Nordseeheilbad wurde vier Jahre später, im Jahr 1797, auf der ostfriesischen Insel Norderney gegründet. Für den Aufbau des Seebades Heiligendamm waren die Erfahrungen, die der fürstliche Leibarzt Samuel Gottlieb Vogel bei seinen Besuchen deutscher binnenländischer Bäder gesammelt hatte, von großem Nutzen.[6]

Die Entstehung der Seebäder an der südlichen Ostseeküste und die Entwicklung einer spezifischen Badekultur wird in diesem Buch exemplarisch anhand von drei Ostseebädern – Zoppot/Sopot, Cranz/Selenogradsk und Rigascher Strand/Jūrmala – vorgestellt werden. Alle drei waren (und sind es teilweise noch heute) große Seebäder mit überregionaler Bedeutung. Sie lagen sämtlich in ihrer Entstehungsphase in der unmittelbaren Nähe von Großstädten – Zoppot bei Danzig, Cranz bei Königsberg und Rigascher Strand bei Riga –, die für die städtische Prägung der Bäder um 1900 von großer Bedeutung waren. Während die ersten beiden bis zum Ende des Zweiten Weltkriegs deutsch waren, danach polnisch bzw. russisch/sowjetisch wurden, gehörte der Rigasche Strand zur Ostseeprovinz des Russischen Reiches, nach 1918 zur Republik Lettland, nach dem Zweiten Weltkrieg zur Sowjetunion und seit deren Zerfall wieder zur unabhängigen Republik Lettland. Einerseits verliefen Entstehung und Entwicklung dieser Seebäder ähnlich wie die anderer Badeorte, andererseits unterschieden sie sich von diesen – nicht zuletzt durch ihre geografische Lage, das in ihnen vorherrschende gesellschaftliche Klima und die touristischen Angebote. Typisches und Individuelles stehen deshalb gleichermaßen im Mittelpunkt der einzelnen Kapitel zu den drei ausgewählten Bädern.

Meerwasser als Heilmittel

Am Anfang der Entwicklung der Seebäder standen jene Ärzte, die Meerwasser als Heilmittel betrachteten. Die Heilkräfte des Meerwassers für die Erhaltung und Wiedererlangung der Gesundheit waren in Europa bereits in der Antike bekannt. Das Baden im offenen Meer, Warmbäder mit Seewasser, die Nutzung von Schwefelquellen, Sonnenbäder und Seeluft gehörten bereits damals zur ärztlichen Therapie. Im römischen Kaiserreich wurden die Badeorte am Mittelmeer, insbesondere Bajae am Golf von Neapel, das Modebad der Antike, stark frequentiert. Nachdem diese Praxis zwischenzeitlich in Vergessenheit geraten war, entdeckte man die Heilkraft des Seewassers erneut in der Zeit der Aufklärung. Der englische Arzt Richard Russel, der als Vater der modernen Meeresheilkunde gilt, befürwortete Bade- und Trinkkuren gegen Skrofulose, Gelenkrheumatismus, Hautkrankheiten, Blutarmut und Stuhlträgheit. Der Wissenstransfer vollzog sich damals wie heute durch Übersetzungen wissenschaftlicher Schriften sowie Reiseberichte, sodass die neuen Erkenntnisse bald auch in anderen europäischen Ländern bekannt wurden.

In Deutschland war der bereits erwähnte Badearzt Samuel Gottlieb Vogel der Vorreiter der Meeresheilkunde. Er empfahl das Baden in der offenen See besonders als Heilmittel gegen Asthma bronchiale, einige Hautkrankheiten sowie nervlich bedingte Erschöpfungszustände. Im Jahr 1794 veröffentlichte er seine »Allgemeinen Baderegeln«, in denen er beschrieb, in welchem emotionalen und gesundheitlichen Zustand, unter welchen Bedingungen, zu welcher Tageszeit und wie oft ein Bad zu nehmen sei. Danach solle man nicht »mit vollem Magen«, »vollends im Schweiße«, »unmittelbar nach einer irgend heftigen Gemütsbewegung« baden. Im Punkt 16 dieser Baderegeln plädierte er für das Nacktbaden: »Badehemden, Beinkleider im Bade sind nicht zu raten und min-

Baden und Schwimmen. Kupferstich aus: J.C.F. GutsMuths, Gymnastik für die Jugend, 1793

dern den Nutzen desselben.«[7] Nacktbaden wurde in der ersten Hälfte des 19. Jahrhunderts auch von anderen Ärzten in den deutschen Ländern empfohlen. Man begründete diese Praxis mit der Erkältungsgefahr bei der Benutzung von Kleidung und der heilenden Wirkung der mineralischen Bestandteile des Wassers durch den direkten Hautkontakt. Diese Meinung teilten auch Ärzte, die in den baltischen Ländern praktizierten. So konstatierte Abraham Hunnius, Arzt im estländischen Hapsal: »Jedes Badekostüm ist nicht allein nicht üblich, sondern auch streng verboten, da die wolthuende Wirkung des Wassers durch jedes Kleidungsstück, es mag auch lose anliegen, behindert und somit der Zweck des Bades verfehlt wird. Eine leichte Bademütze aus Taftet ist das einzige, was unter Umständen gestattet werden kann.«[8]

Neben Vogel traten als Befürworter der Bäder an der Ostsee unter anderem der Königsberger Arzt und spätere Regierungsmedizinalrat Friedrich Kessel, Gründer des Seebades Cranz, Jean Georges Haffner, Gründer des Kurortes Zoppot, sowie Karl Abraham von Hunnius, Gründer des Schlammbades in Hapsal, auf. Weiter sind folgende Ärzte zu nennen: in Reval und Hapsal Justus Samuel Walther, Jakob Johann Ilisch, Carl Abraham Hunnius, I. V. Dobroslawski, A. Antonow, in Pernau der Stadtarzt P. Schneider, in Arensburg V. Sohn und am Rigaschen Strand Leonid Arbusow jun.[9] Ihre Erkenntnisse über die Heilkraft des Seewassers verbreiteten sie durch ärztliche Schriften, die nicht selten in mehreren Sprachen, im Baltikum in Deutsch und Russisch bzw. zweisprachig erschienen.

Viele Ärzte warnten aber auch vor »natürlichem Baden« im Meer. Das Baden war durch zahlreiche ärztliche Vorschriften streng reglementiert, deren Erfüllung von den Badegästen Selbstdisziplin und Beobachtung des eigenen Organismus erforderte. Die damaligen ärztlichen Vorstellungen haben heute nur noch teilweise Gültigkeit. Schon Anfang des 20. Jahrhunderts besaßen sie keinen bedeutenden Einfluss mehr auf die Entwicklung der Badekultur. Allerdings waren Ärzte in den Seebädern zu dieser Zeit noch sehr angesehen und ihre Namen waren in jedem Seebadführer erwähnt.

Faszination der Natur

Nicht nur die Heilwirkung des Seewassers, sondern auch die Faszination der Meereslandschaften zog im 19. Jahrhundert zahlreiche Besucher an die Küste. Schon Barockdichter des 17. Jahrhunderts waren begeistert von der bezaubernden Bewegtheit des Meeres und den Reflexen des Sonnenlichts.[10] Unter dem Einfluss der »natürlichen Theologie« verbreitete sich in der Zeit der Aufklärung die Wahrnehmung des Meeres als Ausdruck der Allmacht Gottes. Diese Vorstellung kommt beispielsweise in Schriften von Gotthard Ludwig Kosegarten, Pfarrer auf Rügen, zum Ausdruck. Während einer Fahrt nach Hiddensee beobachtete er die See, die »von der Sonne bis auf den Grund erleuchtet« wurde und den »silberfarbigen«, »mit unzählbaren Muscheltrümmern durchsetzten Sand«, der »einen schillernden Glanz von sich warf« und wanderte durch die »schönen romantischen, wild durcheinander geworfenen Berge, größtenteils ohne Spuren einiger Kultur«. Kosegarten gingen Berge »nächst dem Meere über alles«: »Inselberge [...], umrauscht vom heiligen Vermögen des Meeres, sind mir der höchste Gipfel aller Naturerhabenheiten.«[11]

Ende des 18. Jahrhunderts gewann das Meer für die Romantiker als Ausdruck des Sublimen und Erhabenen eine neue Qualität. Das Meeresufer wurde zum privilegierten Ort der Selbsterfahrung. Der Maler Caspar David Friedrich beispielsweise hielt sich häufig auf der Insel Rügen auf und unternahm Morgen- und Abendspaziergänge sowie Gratwanderungen über die steilen weißen Felsen. Die Insel bot ihm Zuflucht vor seiner inneren Unruhe und ihre erhabene Natur inspirierte ihn zu einem seiner bekanntesten Bilder, den »Kreidefelsen am Meer«, auf dem die grenzenlose Weite des Meeres und die Geborgenheit vermittelnde Küstenlandschaft sichtbar werden. Die Kreidefelsen – Königsstuhl und Wissower Klingen – gehören noch heute zu den berühmten Natursehenswürdigkeiten der Insel.

Zahlreiche Briefe, Schriften und Erinnerungen aus dem 19. Jahrhundert zeugen von der Begeisterung für die Natur der Ostseeküste. Der deutsche Gelehrte und Politiker Wilhelm von Humboldt war besonders von der Natur der Kurischen Nehrung fasziniert. In einem Brief an seine Frau schrieb er 1809: »Die Kurische Nehrung ist so merkwürdig, dass man sie eigentlich ebenso gut wie Spanien und Italien gesehen haben muss, wenn einem nicht ein wunderbares Bild in der Seele fehlen soll.«[12] Als landschaftlichen Höhepunkt bot die Kurische Nehrung eine exotische Dünenlandschaft, die man im 19. Jahrhundert als »preußische Sahara« oder auch »ostpreußische Wüste« bezeichnete. Die unvergleichliche Natur machte die Nehrung auch für zahlreiche Maler aus Königsberg, Berlin, Danzig oder München interessant, die in Nidden an der Wende zum 20. Jahrhundert eine bekannte Künstlerkolonie bildeten. Der expressionistische Maler Max Pechstein verbrachte hier

Kreidefelsen auf Rügen. Gemälde von Caspar David Friedrich, um 1818

Dünenform »Pferdekopf« auf der Kurischen Nehrung, 1930er Jahre

Haffküste von Purwin. Aquarell von Edith Wirth-Sukkau, um 1918

mehrfach (1909, 1911, 1912) die Sommermonate. Künstlerkolonien etablierten sich vor dem Ersten Weltkrieg an der Ostsee auch in Ahrenshoop und auf Hiddensee. Viele Künstler und Schriftsteller ließen sich dort von den Naturlandschaften der Ostsee inspirieren.[13]

Der Maler Lyonel Feininger besuchte vor dem Ersten Weltkrieg Rügen und war mehrmals in Heringsdorf auf Usedom.[14] Gerhart Hauptmann hatte ein Haus auf Hiddensee und Thomas Mann eins in Nidden. Letzterer arbeitete dort – angeregt durch die Sanddünen – an seiner Roman-Tetralogie »Joseph und seine Brüder«. Der russische Schriftsteller Maxim Gorki wohnte 1922 in der Villa Irmgard in Heringsdorf, in der sich heute eine Gorki-Gedenkstätte befindet. Im »Arabischen Zimmer« dieser Villa schrieb er seinen autobiografischen Roman »Meine Universitäten«.[15] Auch die Seebäder im Baltikum waren bei Malern und Schriftstellern beliebt. Vielen Künstlern und Intellektuellen boten Aufenthalte an der Ostsee eine Rückzugsmöglichkeit von der Hektik der modernen Großstädte.

Villa Irmgard in Heringsdorf. Aufenthaltsort Maxim Gorkis im Jahr 1922, 2009

Arabisches Zimmer der Villa Irmgard. Heute Maxim-Gorki-Gedächtnisstätte

Durch die fortschreitende Urbanisierung erhielt die unberührte Natur eine neue Bedeutung für die städtische Gesellschaft. Um die Wende zum 20. Jahrhundert entstanden Zurück-zur-Natur-Bewegungen wie die Jugend- und Wandervogelbewegung, die Gruppen der Lebensreformer, Vegetarier und Nudisten. Die Besuche von Ostseebädern lagen aus dieser Sicht im gesellschaftlichen Trend. Die Reiseführer bestärkten vorhandene Sehnsüchte und versprachen mit ihren Beschreibungen und Bildern intensive Naturerlebnisse am Meer. Attraktive Ansichten boten sich in allen großen Bädern der Ostseeküste, in Heringsdorf oder Binz, Swinemünde oder Misdroy, Zoppot oder am Rigaschen Strand und in Pernau. Die Ansichtskarten mit den Abbildungen von Brandung, Strand, Küste, Felsen oder Sonnenuntergängen sorgten für die massenhafte Verbreitung dieser Motive und der mit ihnen verbundenen Klischees. Mithilfe von Fotografien konnten die Badegäste ihre Erinnerungen an Aufenthalte am Meer zurück in den heimatlichen städtischen Räumen wachhalten.

Das Naturerlebnis eines Badegastes an der Ostsee Anfang des 19. Jahrhunderts unterschied sich jedoch von dem eines Reisenden an der Wende zum 20. Jahrhundert. In dieser Zeit wurden auch viele Badeorte von der Urbanisierung und Modernisierung erfasst. Eingriffe in die natürliche Umgebung durch Neubauten, erweiterte Verkehrsverbindungen und die Entwicklung der sozialen Infrastruktur führten dazu, dass man dort immer weniger unberührte Natur und immer mehr »Natur im Frack« – wie Parkanlagen und Gärten – vorfand. Die Badeorte erhielten zunehmend eine städtische Physiognomie, ein Aufenthalt am Meer begann vielerorts den Charakter eines gesellschaftlichen Ereignisses anzunehmen. Die Einsamkeit in der Natur, welche die Romantiker noch um 1800 an der Ostsee genossen hatten, ließ sich in Badeorten kaum mehr realisieren, die sich auf den Ausbau der Vergnügungsindustrie konzentrierten und auf einen starken Besucherandrang setzten.

Auch die industrielle Entwicklung konnte die Existenz von Badeorten bedrohen, besonders dann, wenn Fabriken in ihrer Nähe entstanden. Dies geschah zum Beispiel in Pernau, wo 1898 die größte Zellulosefabrik des Russischen Reiches gebaut wurde, die eine große Gefahr für den Badebetrieb darstellte.[16] Im Laufe des 20. Jahrhunderts wurde die Verschmutzung des Seewassers zu einem überregionalen, virulenten ökologischen Problem. Eine die Norm um das 24-fache überschreitende bakterielle Verschmutzung führte schließlich Ende der 1980er Jahre zu einem Badeverbot in Jūrmala. In diesem Jahrzehnt wurden Touris-

Brandung bei Sonnenuntergang im Ostseebad Cranz, vor 1910

Küste an der Venusschlucht im Ostseebad Rauschen, 1910

Stille Promenade in Hapsal (Estland), 1905–1915

Fischerhüten am Rigaer Strand, vor 1914

ten auch in Sopot vor dem Baden gewarnt. Wachsendes ökologisches Bewusstsein führte dazu, dass inzwischen die Qualität des Seewassers in den Seebädern regelmäßig überprüft wird.

Heute wie einst bildet die Natur einen Gegenpol zum städtischen Raum. Aus diesem Grund wählen Touristen aus hoch industrialisierten Regionen nicht selten ihren Ferienort im Ostseeraum, wo die Natur – wie auf Rügen, Hiddensee oder den estländischen Inseln – noch am intensivsten zu erleben ist. Nach einer Studie des Leipziger Instituts für empirische Forschung von 1994 erhalten touristische Angebote im Baltikum, die sich auf Natur, Wald, Seen, Strände und reizvolle Landschaften konzentrieren, von den deutschen Touristen am häufigsten positive Bewertungen.[17]

Seebäder als Orte der Geselligkeit

Bereits im 19. Jahrhundert waren Seebäder an der Ostsee den Sommergästen in ihrer Eigenschaft als Erholungs- und Vergnügungsorte bekannter denn als Orte medizinischer Therapien und als Naturlandschaften. Die großen Seebäder konnten den Besuchern damals schon eine breite Palette von Attraktionen bieten. Zum Angebot zählten zahlreiche Aktivitäten, die auch heute in jedem Badeort zum Unterhaltungsprogramm gehören: Flanieren auf der Promenade oder im Kurpark, Besuche kultureller Veranstaltungen, Ausflüge in die Nachbarorte, Sport und Spiel. Außergewöhnliche Bauwerke und Anlagen bildeten den angemessenen Rahmen, in dem sich das gesellige Leben der Badegäste entfalten konnte: Seebrücken, Konzertmuscheln, Theater- und Casinogebäude oder Sportanlagen wie Tennisplätze und Rennbahnen.

An der Ostsee wurden Badeorte meistens planmäßig angelegt. Im Zentrum eines Seebades stand oft ein Kurhaus, das den Mittelpunkt der therapeutischen, unterhaltenden und festlichen Aktivitäten bildete. Kurhäuser waren typische Bauten für die Ostseeregion, sie existierten in zahlreichen Seebädern auf den pommerschen Inseln Rügen und Usedom, in Preußen sowie im Baltikum. Ihre Entstehung war ein wichtiger Schritt zur städtischen Entwicklung der Badeorte, die sich mit der Errichtung von Hotels und privaten Villen, von Restaurants und Postämtern vollzog.

Die Architektur in den Seebädern entlang der südlichen Ostseeküste weist ähnliche Züge auf. So besitzen Villen und Pensionen am Riga-

Konzertplatz im Ostseebad Swinemünde, vor dem Ersten Weltkrieg

Die Konzertmuscheln im Kurpark in Dubbeln, Rigascher Strand, vor 1914

Konzertveranstaltung in Kuressaare. A. Arro, 1900–1910

Frühkonzert im Seebad Cranz, 1906

Neues Familienbad (Südbad) in Zoppot mit nordischen Zügen, um 1908

schen Strand stilistische Gemeinsamkeiten mit den Bauwerken in Ostpreußen. Der nordische Baustil lässt sich am Hotel »Monopol« in Cranz ebenso wie am Südbad in Zoppot erkennen. Zahlreiche Villen wurden nach Katalogen verschiedener Baufirmen bestellt. Eine der im Ostseeraum tätigen Firmen, die sich auf die Herstellung von Fertighäusern aus Holz spezialisiert hatte, war die Wolgaster Aktien-Gesellschaft für Holzbearbeitung. Sie hatte eine Auswahl preußischer, russischer und norwegischer Bauweisen in ihrem Angebot.[18] Im Deutschen Reich ausgebildete Architekten waren auch an der Planung zahlreicher Gebäude in den Siedlungen des Rigaschen Strandes beteiligt, die vor dem Ersten Weltkrieg von der deutschbaltischen Kultur geprägt waren.

Die Architektur in den Ostseebädern spiegelt allgemeine europäische Entwicklungen der Baukunst wider. Man findet Bauwerke im Stil des Klassizismus, des Historismus und des Jugendstils ebenso wie Gebäude, die außereuropäische, beispielsweise ostasiatische Bauformen aufnehmen, wie der »Chinesische Pavillon« am Rigaschen Strand. Orientalische Architekturformen verbreiteten sich in den europäischen Seebädern schon in der zweiten Hälfte des 19. Jahrhunderts. Sie verkörperten die Vorstellung des Seebades als Erholungsort.[19]

Cranzer Uferpromenade mit dem Hotel »Monopol« im Hintergrund, vor 1914

Chinesischer Pavillon in Jūrmala, 2009

Die Verstädterung des Raumes durch eine forcierte Bautätigkeit ging in Cranz und besonders in Zoppot vor dem Ersten Weltkrieg viel weiter als am Rigaschen Strand, der noch bis heute seinen ländlichen Charme bewahrt hat. In jedem dieser drei Orte befanden sich repräsentative Gebäude, die den Gästen die Gegenwart einer feinen Gesellschaft vor Augen führten.

Die Seebäder erlebten mit dem ersten Aufkommen des Massentourismus Ende des 19. Jahrhunderts einen nachhaltigen Einschnitt. Mit der Errichtung von Eisenbahnverbindungen brach für zahlreiche Badeorte an der Ostsee ein neues Zeitalter an. Der Aufbau dieses Verkehrsnetzes machte die Wege der Badegäste nicht nur kürzer und bequemer, sondern auch preiswerter. Die Eisenbahn hob dadurch den Tourismus auf das Niveau eines überregionalen, internationalen Massenphänomens.

Nach den Angaben von Laue, dem stellvertretenden Vorsitzenden des Verbandes Deutscher Ostseebäder, besuchten 1929 über 451.000 Kurgäste die deutschen Badeorte an der Ostsee. Die überwiegende Zahl von ihnen, rund 420.000, stammte aus dem Deutschen Reich, davon kamen allein 130.000 aus Berlin. In weitem Abstand folgten Sachsen (Freistaat und Provinz) mit über 60.000, Ostpreußen mit mehr als 36.000, Pommern mit fast 30.000, Hamburg mit rund 30.000 und Schlesien mit über 20.000 Besuchern. Etwa 30.000 Badegäste reisten aus dem Ausland an – aus 36 verschiedenen Staaten. Die meisten kamen aus den angrenzenden Ländern; es befanden sich aber auch Chinesen, Japaner und Gäste aus den Kontinenten Amerika, Afrika, Australien darunter, wenngleich in bescheidener Anzahl.[20]

Durch den Ausbau des Verkehrsnetzes wuchs nicht zuletzt das internationale Flair der Seebäder. Trotz der Tatsache, dass die ausländischen Gäste nur einen kleinen Teil der Badegäste ausmachten, wurde ihre Präsenz in den mondänen Seebädern besonders geschätzt, da sie ihnen einen internationalen Ruf verschafften. Schon im 19. und zu Anfang des 20. Jahrhunderts waren deutsche sowie baltische Bäder bemüht, sich nach außen als internationale Orte zu präsentieren und warben in verschiedenen Sprachen um die ausländischen Gäste. Die geografische Nähe der Ostseebäder Cranz und Zoppot zog eine große Zahl von Gästen aus dem Russischen Reich an; umgekehrt kamen in das zum Russischen Reich gehörende Baltikum vorwiegend Badegäste aus dem Deutschen Reich.

Die Ostseebäder boten so – wenngleich in geringem Maße – auch die Möglichkeit, Menschen aus nichteuropäischen Kulturen kennenzulernen. Ein besonderes Ereignis stellte für die Badegäste am Cranzer Strand der Besuch des Zirkus Sarrasani mit seinen Indianern, Marokkanern und Japanern dar. Die *Cranzer Badezeitung* berichtete am 29. Juni 1913: »Die Indianer mit ihren Frauen und Kindern nahmen in den Wellen der Ostsee im Familienbad ein kaltes Bad, das besonders ihren braunen, geschmeidigen Sprösslingen viel Spaß zu machen schien. Nachher machten sie auf der Uferpromenade Furore, wo sie von einem ganzen Schwarm von Badegästen und Fischern umgeben, daherspazierten und soweit es ging, lebhaft Konversation trieben.«[21] Vor dem Ersten Weltkrieg boten sogar chinesische Händler in manchen baltischen Seebädern ihre Waren an. Im Jahr 1911 teilte die Zeitung des Rigaschen Strandes mit, dass »Söhne des Himmlischen Reiches«[22] mit Seidenstoff am Strand und diversen fernöstlichen Kleinigkeiten handelten.

Die Ostseebäder als gesellschaftliche Räume präsentierten sich in ihrer Geschichte als Treffpunkte der feinen Gesellschaft, aber auch als Sammelplätze des Massentourismus und als Schnittpunkte internationaler Kontakte. In den Architekturformen, der internationalen Zusammensetzung des Publikums sowie den Unterhaltungsangeboten zeigte sich eine Vielfalt der Kulturen, wie sie für den damaligen ostmitteleuropäischen Raum charakteristisch war.

Das Ostseebad als Mikrokosmos Europas

Ostseebäder als Mikrokosmen zu begreifen, bedeutet einerseits, sie miteinander und mit anderen europäischen Badeorten zu vergleichen, wobei die Gemeinsamkeiten der Seebäder entlang der Ostseeküste im Vordergrund stehen. Andererseits ist die Einbettung der Seebäder in die europäische Geschichte zu berücksichtigen. Eine ausführliche Darstellung der Ostseebäder innerhalb der europäischen Kulturgeschichte steht noch aus. Hier können nur einzelne Aspekte skizziert werden.

Allgemein charakteristisch ist, dass im Lauf der Zeit der ursprünglich zentrale medizinische Aspekt eines Aufenthaltes an der See gegenüber den Motiven Unterhaltung und Entspannung in den Hintergrund trat. Seebäder als Orte »erotischer« Vorstellungen finden in zahlreichen Ansichtkarten, die in West- und Osteuropa vor dem Ersten Weltkrieg produziert wurden, ihren Ausdruck. Darauf waren oft badende oder am Strand sitzende Frauen abgebildet. Auch der Figur des männliches »Guckers«, der die Frauen beim Baden beobachtete, war ein transnationales, europäisches Phänomen.

Badende in Badekostümen. Ansichtskarte, Rigascher Strand, um 1900

»Tausend Grüße aus dem schönen Cranz«, vor 1907

»Gruss vom Strande«, Ende 19. Jahrhundert

Strandleben des Ostseebades Binz, 1900

Zum anderen ging durch das Aufkommen des Massentourismus die gesellschaftliche Exklusivität zahlreicher Ostseebäder verloren.

Als dritte wichtige Entwicklungslinie fällt die Liberalisierung des Badewesens im 20. Jahrhundert auf, die sich in der Einrichtung gemeinsamer Bäder für Frauen und Männer sowie der Einführung einer weniger reglementierten Badekleidung manifestierte.

Schließlich war die Zusammensetzung der Badegäste in allen Seebädern ähnlich. Der Ostseebädertourismus war im Deutschen und im Russischen Reich vor dem Ersten Weltkrieg überwiegend Inlandstourismus.[23] Diese Tatsache bedeutet aber nicht, dass die Zusammensetzung der Badegäste homogen war. Sie spiegelte vielmehr die gesellschaftliche und kulturelle Vielfalt der beiden Staaten wider.

Die Gemeinsamkeiten der Ostseebäder lassen sich aber auch an den äußeren Formen der Badeanstalten und der Bäderarchitektur ablesen. Kurhäuser und Seebrücken, Badekarren und Strandkörbe gehörten nicht nur in deutschen, sondern auch in russischen beziehungsweise baltischen Bädern zum Erscheinungsbild des Strandes. Sowohl im Deutschen als auch im Russischen Reich vergnügten und unterhielten sich die Badegäste mit Kurkonzerten, Spielen im Kasino und Sportveranstal-

Im Strandkorb am Rigaschen Strand, vor 1914

tungen. Unterschiede im Unterhaltungsangebot betrafen allenfalls dessen Umfang, die Vielfalt und den Organisationsgrad des kulturellen Programms. In dieser Hinsicht waren die Unterschiede zwischen den Ostseebädern im Deutschen und im Russischen Reich vor dem Ersten Weltkrieg viel größer als zwischen den einzelnen deutschen Seebädern.

Schon vor dem Ersten Weltkrieg formierte sich vor allem in den deutschen Ostseebädern ein Bewusstsein gemeinsamer Interessen. Ende des 19. Jahrhunderts fand eine Vernetzung verschiedener deutscher Badeorte statt, die im Jahr 1900 in der Gründung des Verbandes Deutscher Ostseebäder mündete. Dieser vertrat die Regionalverbände Ost- und Westpreußen, Vor- und Ostpommern, Rügen und Mecklenburg: insgesamt 88 Ostseebäder von Glücksburg in Schleswig Holstein bis Nimmersatt im Memelgebiet.[24] Er verfolgte vor allem wirtschaftliche Zwecke und förderte ein einheitliches Vorgehen in allen gemeinsamen Angelegenheiten wie Werbung, Beratung und Erfahrungsaustausch. In diesen Kommunikationsprozess waren auch Reiseberichtsverfasser und Presseorgane involviert. So berichteten die *Zoppoter Zeitung* und die russischsprachige Zeitung *Wsmore* (Strand) über verschiedene Badeorte an der Ostsee und in anderen Regionen.

Die Offenheit der europäischen Grenzen vor dem Ersten Weltkrieg ließ es zu, dass Reisende aus dem Deutschen und dem Russischen Reich problemlos alle Ostseebäder bereisen konnten. Zum Bruch dieser Tradition touristischer Mobilität kam es mit dem Ersten und später dem Zweiten Weltkrieg sowie durch deren Folgen. Die katastrophale politische und gesellschaftliche Entwicklung im 20. Jahrhundert bedingte einen schmerzlichen Niedergang der Badekultur an der Ostsee.

Schon der Erste Weltkrieg führte zum Rückgang der Gästezahlen und zur Zerstörung einiger Badeanstalten. In deutschen Seebädern wie Heiligendamm und Cranz konnte der Badebetrieb nur in bescheidenem Rahmen aufrechterhalten werden. Viel stärker vom Krieg betroffen waren allerdings die Ostseebäder im Baltikum, das zum Schauplatz heftiger Auseinandersetzungen wurde. In den ersten Kriegsjahren wurden die Schlammbäder in Arensburg auf der estländischen Insel Ösel geschlossen, worauf das Kurleben erlosch. Die Badeeinrichtungen von Pernau, einem der größten und modernsten Seebäder der baltischen Ostseeküste, fielen 1915 den Flammen zum Opfer. Auch der zum Rigaschen Strand gehörende Kurort Kemmern wurde im Krieg verwüstet.

Nach dem Ersten Weltkrieg verloren Deutschland und Russland Teile ihrer Staatsgebiete. Aufgrund der Bestimmungen des Versailler Vertrages vom 28. Juni 1919 wurde Danzig mit Zoppot zur Freien Stadt erklärt. Der Rigasche Strand befand sich nach 1918 (wie heute wieder) in dem unabhängigen Staat Lettland. Nur eins der drei in den Blick genommenen Ostseebäder, das Moor- und Ostseebad Cranz, behielt die deutsche Staatszugehörigkeit, die es schon vor dem Krieg hatte. Die Situation der drei Seebäder änderte sich radikal nach dem Zweiten Weltkrieg. Der nördliche Teil Ostpreußens und Lettland wurden der Sowjetunion zugeschlagen und Zoppot gehört seitdem zur Volksrepublik, der heutigen Republik Polen.

Die Ostseebäder, die Anfang des 19. Jahrhunderts nur einige Hundert Badegäste gezählt hatten, zogen vor dem Ersten Weltkrieg schon Tausende Besucher an. Diese Entwicklung basierte wesentlich auf der organisierten Form des Reisens, zum Beispiel von Reiseveranstaltern angebotenen Pauschalreisen. Mit der Gründung der nationalsozialistischen Einrichtung »Kraft durch Freude« (KdF), genauer: des »KdF-Amtes Reisen, Wandern, Urlaub«, einer staatlichen Institution für organisierte Reisen, entstand eine ganz neue Form des Tourismus. 1938 gingen mehr als zehn Millionen Menschen mit der NS-Tourismusorganisation auf Reisen.[25] (Ein adäquates Symbol dieser Art von Tourismus,

Nationalsozialistisches Erholungsheim: Koloss von Prora, zeitgenössische Ansichtskarte

das unvollendete »KdF-Bad der 20.000« in Prora auf Rügen, beeindruckt noch heute mit seinen Dimensionen.) Diese Form des Massentourismus bot allerdings günstige Reisen vor allem für »erbbiologisch gesunde, deutsch-arische« Deutsche.[26]

Die Ostseeregion als historischer Raum lässt sich nicht nur hinsichtlich des Tourismus betrachten. Sie ist auch ein Raum der Gewalt, Deportation und der Vertreibung. Die Weltoffenheit der Seebäder wurde durch nationalsozialistische und sowjetische Politik im Laufe des 20. Jahrhunderts stark eingeschränkt oder ganz unterbunden.

Der Zweite Weltkrieg und auch der nach 1945 sich entwickelnde Kalte Krieg führten zur Militarisierung der Ostseeregion. In der Sowjetunion und in der DDR entstanden an der Küste militärische Sperrgebiete, wie auf den estnischen Inseln Ösel und Dagö/Hiiumaa, betroffen waren auch Prora und die Halbinsel Dranske auf Rügen sowie Zingst, die für Touristen bis zur politischen Wende nicht zugänglich waren.

Im 20. Jahrhundert hat die Ostseeregion durch Krieg, Flucht, Umsiedlung und neue Grenzziehungen einen radikalen Wandel erfahren. Zahlreiche ehemals deutsche Ferienorte gehörten nun zu anderen Staaten. Die politischen Folgen des Zweiten Weltkriegs haben die Physiognomie und die Identität dieser Ostseebäder verändert und ihre frühere Gestalt zumeist unkenntlich gemacht.

Einstige Kurorte der Elite wurden in den sozialistischen Gesellschaften zu Erholungsorten der Werktätigen transformiert. Das drückte sich in der Forcierung eines staatlich gelenkten Massentourismus und der Errichtung mehrstöckiger Sanatorien aus.

Die deutsche Vergangenheit vieler Ostseebäder wurde in den osteuropäischen sozialistischen Ländern aus politischen und ideologischen Gründen aus dem kollektiven Gedächtnis verdrängt und in der sowjetischen Darstellung der Geschichte dieser Bäder kaum erwähnt. Erst seit der politischen Wende in den 1980er und 1990er Jahren entdeckt man diesen Aspekt der Vergangenheit in Polen, Russland und den baltischen Ländern neu.

Die politische Entwicklung der letzten Jahrzehnte ermöglicht es nun, die Kulturgeschichte der Ostseebäder als ein Gesamtphänomen wahrzunehmen und die unterschiedlichen Welten des östlichen Teils des Ostseeraumes mit seiner Vergangenheit aus Blütezeiten und Brüchen, unterschiedlichen Traditionen und seinem reichen kulturellen Erbe wiederzuentdecken. Mit dem folgenden Blick auf die drei außergewöhnlichen Ostseebäder Zoppot/Sopot, Cranz/Selenogradsk und Rigascher Strand/Jūrmala wird dazu ein neuer Schritt getan.

Ostseebäder waren auch Schauplätze von Gewalt und Flucht.
Flüchtlinge. Aquarell von Richard Birnstengel, nach 1945

Zoppot – alter Glanz und neuer Anspruch

Grand-Hotel im heutigen Sopot, das imposanteste Gebäude am Strand, 2009

Die Entstehung und Blütezeiten des Seebades

Die Geschichte des Badeortes Zoppot ist geprägt durch eine Weltoffenheit, die in der Herkunft der Badegäste aus dem Deutschen Reich, verschiedenen Teilen Europas und sogar aus Übersee in imposanten Gebäuden aus dem 19. und 20. Jahrhundert sowie einem vielfältigen Badeleben und in internationalen Veranstaltungen ihren Ausdruck fand.

Die ursprünglich kleine Fischersiedlung in der Danziger Bucht erhielt das Stadtrecht viel früher als zahlreiche andere Orte Westpreußens. Schon nach dem Allerhöchsten Erlass vom 8. Oktober 1901 trat Zoppot am 1. April 1902 in den Kreis der westpreußischen Städte ein. Damit war es die jüngste Stadt Westpreußens in den Grenzen des bisherigen Amtsbezirks nach der Kreisordnung von 1874. Allerdings hatte der Ort bereits Ende des 19. Jahrhunderts kaum mehr ein dörfliches Erschei-

Porträt von Jean (Johann) Georg Haffner (1777–1830)

Danziger Bucht mit Zoppot. E. Troschel, 1860

nungsbild geboten und sich dank des lebhaften und bunten Lebens eines mondänen Seebades von den zahlreichen Ortschaften in der gewöhnlich flachen und stillen Landschaft Westpreußens unterschieden. Auch heute präsentiert sich Sopot, das zu den reichsten Gemeinden Polens zählt, als eine Stadt mit überregionaler, weit über die Landesgrenzen hinausgehender Bedeutung.

Das Seebad Zoppot entstand später als viele andere deutsche Bäder der Ostseeküste – wie Heiligendamm (1793), Travemünde (1802) oder Cranz (1816). Obwohl vermögende Danziger und Mitglieder des pommerschen Adels hier schon im 17. und 18. Jahrhundert ihre Sommerresidenzen errichteten und die ersten Hinweise auf Badegäste aus dem Jahr 1814 stammen, gilt 1823 als offizielles Gründungsjahr des Seebades.[1] In diesem Jahr kam es zum Abschluss eines Erbpachtvertrags zwischen dem in Danzig lebenden Elsässer Jean (Johann) Georg Haffner, der als Militärarzt mit der französischen Armee nach Danzig gekommen war, und der preußischen Regierung über zwei Morgen (ca. 0,25 Hektar) Strand zur Errichtung von Badeanlagen. Auf Haffners Initiative entstanden in Zoppot das erste Kurhaus und die erste Badeanstalt, die sich im Privatbesitz des Arztes befanden und nach dessen frühem Tod im Jahr 1830 Eigentum der Familie blieben. Erst 1877 gelangten die Badeeinrichtungen und auch das Kurhaus in den Besitz der Gemeinde.[2]

Kurhaus Zoppot, 1880–1909

In der ersten Hälfte des 19. Jahrhunderts erweckte Zoppot den Eindruck eines beschaulichen und idyllischen Bades, das unter den anderen preußischen Ostseebädern einen guten Ruf genoss. Wilhelm Cornelius beschrieb das Badeleben dieser Zeit in seinen 1841 erschienenen Impressionen »Wanderungen an der Ostsee«: »Unter den größeren Bädern der Ostsee möchte Doberan das vornehmste und raffinierteste, Swinemünde mit Heringsdorf das practischste, Putbus das schönste, das lieblichste, und Zoppot das traulichste und wohnlichste zu nennen sein.«[3] K. H. Brandes, der Zoppot auf seiner Fahrt von Memel nach Muskau im Sommer 1859 besuchte, bezeichnete das Dorf als »einen der besuchtesten Badeorte«[4] und verglich es mit Cranz bei Königsberg.

Nach dem Bau des Kurhauses im Jahr 1824 und des Warmbades 1843 stagnierte die Entwicklung des Ortes allerdings, bis die Eisenbahnlinie von Berlin über Stettin und Zoppot nach Danzig im Jahr 1870 eröffnet wurde. Schon 1872 begann die Verwaltung, einzelne Straßen zu pflastern. Nach der Übernahme des Ortes in Gemeindebesitz (1877) erfolgte in den 1880er Jahren die Modernisierung der Kuranlagen – der Bau eines größeren zweiten Kurhauses (1880), die Erweiterung des Herrenbades und der Aufbau des Damenbades –, wodurch das Badeleben in

Familien-Nordbad in Zoppot, um 1918

Zoppot für die Gäste noch komfortabler und attraktiver wurde. Von Anfang Juni bis Ende Juli 1905 nutzten allein 15.015 Besucher das Zoppoter Warmbad. Im Übrigen waren Seewasserbäder (13.643 Besucher) wesentlich beliebter als ihre medizinischen Pendants, wie Moorbäder (311), Fangobäder (151), russisch-römische Bäder (83) oder elektrische Lichtbäder (40).[5] Ausdruck der Modernität des Seebades war auch, dass hier im Jahr 1904 das erste Familienbad im Deutschen Reich eröffnet wurde.[6]

Die Urbanisierung von Zoppot, die eng mit dem Ausbau der Infrastruktur verbunden war, vollzog sich schneller und umfassender als in vielen anderen Ostseebädern, nicht nur wegen der besonders günstigen Lage, sondern auch aufgrund der aktiven Politik der Gemeinde. So schloss sie früh mit der Firma Fritsche und Pischon in Berlin einen Vertrag über die Installation einer elektrischen Beleuchtung. 1891 ergab der erste Probelauf »ein sehr befriedigendes Resultat«. Zu Beginn des 20. Jahrhunderts verfügte die Gemeinde Zoppot schon über ein eigenes Gaswerk, ein Kraftwerk und ein ausgebautes Kanalisationsnetz.

Die urbane Entwicklung Zoppots fand in der Aufwertung des Ortes zur Stadt zum 1. April 1902 – viele Jahre früher als die Ostseebäder

Nr. 93. Sonnabend, 24. September 1904. 17. Jahrgang.

Zoppoter Anzeiger.

Kurzeitung mit Kurlisten, sowie amtlichen Bekanntmachungen.

Der „Zoppoter Anzeiger" erscheint während der Saison wöchentlich 3 mal (am Dienstag, Donnerstag und Sonnabend), während der übrigen Zeit wöchentlich 2 mal (am Mittwoch und Sonnabend). — Der Abonnementspreis beträgt für die Badezeit (1. Juni bis 30. September) bei Abholung von der Expedition und den Filial-Expeditionen 2 Mark, bei freier Zustellung durch unsere Boten 2,50 Mark. Das Jahresabonnement kostet 3 Mark. Das Abonnement bei der Post ohne Bestellgeld für ein Vierteljahr 1 Mark. — Inserate pro Zeile 15 Pfennig, bei Wiederholung entsprechende Ermäßigung.
Annahme von Inseraten und Abonnements in Zoppot bei Herrn Bromberg, Ecke See- und Nordstraße, in Danzig, Ketterhagergasse 4.

Schluß der Saison.

Nachstehend publizieren wir unsere letzte diesjährige Badeliste. Dieselbe schließt mit einer Gesamtfrequenz von rund **14 040** Personen ab, d. i. gegen das Vorjahr rund **4000 mehr.** Hat der verflossene Sommer auch mit der großen landwirtschaftlichen Ausstellung im Juni unserem Orte einen erheblich größeren nur vorübergehenden Logierbesuch (sog. Passantenverkehr) als sonst gebracht, so bleibt doch noch ein Plus an wirklichen Badegästen von mindestens 3000. Jedenfalls erreichte unser Zoppot diesmal die höchste Frequenz, welche es je gehabt hat.

Da nun die Saison als beendigt anzusehen ist und unser Badeort in sein stilleres Winterleben und die Vorrüstungen für nächsten Sommer zurückkehrt, liegt ein Bedürfnis zu weiteren Ausgaben von wöchentlich 3 Nummern unseres Blattes nicht mehr vor.

Der **„Zoppoter Anzeiger"** erscheint daher von jetzt ab wieder **wöchentlich zweimal** (Mittwoch und Sonnabend). **Nr. 94 wird also Mittwoch, den 28. September, morgens ausgegeben.**

Liste der Zoppoter Badegäste nebst Wohnungsnachweis.

(Nach eigenen Erhebungen.)

Nr.	Monat und Tag der Ankunft	Der Bade-Gäste: Name und Stand.	Heimat.	Wohnung: Name des Wirts.	Wohnung: Straße und Haus-Nr.	P.-Z.
	Sept.				Uebertrag	13994
6668	14	Herr Fabrikbesitzer Pohl	Janow	Hotel Werminghoff	Seestraße 66	1
69	—	„ Dr. Hennemeyer und Gemahlin	Osterode	„	„	2
6670	—	Frau Simson	Berlin	„	„	1
71	—	Herr Fabrikbesitzer Totenhöfer	Königsberg	„	„	1
72	—	Frau Görling	Berlin	„	„	1
73	15	Herr Fabrikbesitzer Schröder	Landsberg	„	„	1
74	—	„ Rentier Holzrichter und Fräulein Tochter	Elbing	„	„	2
75	—	„ Kommerzienrat Vogt und Sohn	Cassel	„	„	2
76	—	„ Krupenberg und Gemahlin	Pr. Holland	„	„	2
77	16	„ Kaufmann Bonhof	Straßburg	„	„	1
78	—	„ Fabrikbesitzer Aghausen und Gemahlin	Landsberg	„	„	2
79	—	Frau Rentiere Zitelmann	Berlin	„	„	1
6680	—	„ Rentiere Schultze	„	„	„	1
81	—	Herr Stadtrat Dr. Köllingen	Dortmund	„	„	1
82	17	„ Gutsbesitzer Ziehm	Grünhof	„	„	1
83	—	„ Regierungsbaumeister Rothe	Bromberg	„	„	1
84	18	„ Dr. Rochwitz	Cassel	„	„	1
85	—	„ Stadtbaurat Höpfner		„	„	1
86	—	„ Direktor Nord und Gemahlin	„	„	„	2
87	19	„ Pfarrer Liedtke		„	„	1
88	20	Frau Jacoby	Marienwerder	„	„	1
89	—	Herr Pfarrer Lambrecht	Smasin	„	„	1
6690	18	Frau Holzrichter und Tochter	Elbing	Villa Martha	Parkstraße 16/18	2
91	—	„ Rentiere Schwarz und Fräulein Töchter		„	„	3
92	16	Frl. Schmidt	Tilsit	„	„	1
93	—	„ Helene Unrau	Gr. Grünhof	Unrau	Brombergstraße 8	1
94	17	Herr Postverwalter a. D. Radetzki	Mittelhufen	Hardt	Wilhelmstraße 12	1
95	14	„ Kreisarzt Dr. Poddeg und Gemahlin	Darkehmen	„		2
96	12	„ Forstrat Henrici und Gemahlin	Marienwerder	Hochbaum	Seestraße 4	2
97	15	Frau v. Busse	„	„	„	1
98	—	„ v. Harling	„	„	„	1
99	—	Herr Gerichtsassessor Walter Bühnemann und Gemahlin	Danzig	Baaske	Wilhelmstraße 49	2
6700	14	„ Kaufmann Emil Giese	Königsberg	Johanning	Promenadenstr. 20	1
1	—	Frau Heller und Fräulein Tochter	Berlin	Wisotzki	Benzlerstraße 12	2
2	15	Frl. Wanda Wenk	Pinneberg	Busch	Bergerstraße 26	1
3	—	„ v. Brandt	Schöneberg	v. Ziegler	Nordstraße 7	1
					Zusammen	14043

Deutschsprachige Zeitung »Zoppoter Anzeiger«, 1904

Cranz oder Rigascher Strand – offizielle Anerkennung. Im Jahr 1904 gestattete Kaiser Wilhelm II. der neuen Stadt, ein Wappen zu führen, das in Gestalt der auf einer Sanddüne sitzenden Möwe mit einem Fisch auf die Lage des Ortes am Meer hinweist.[7]

Ende des 19. Jahrhunderts übertrafen die Besucherzahlen Zoppots die von Cranz deutlich. Am 18. Juli 1891 berichtete der *Zoppoter Anzeiger*: »Die heutige Badeliste schließt mit 4.065 Personen ab, während unser Nachbarbad Cranz bis jetzt erst 2.950, Kahlberg erst 500 Fremde aufweist.«[8] Von 1855 bis 1912 erhöhte sich die Zahl der Zoppoter Badegäste um mehr als das 25-fache.[9] Sie entsprach in den 1870er und 1880er Jahren fast der Einwohnerzahl. Wie die Tabelle deutlich macht, kamen ab 1890 sogar mehr Besucher in den Ort, als dieser Bewohner hatte.

Entwicklung der Kurgast- und Einwohnerzahlen in Zoppot

Jahr		**Kurgäste**		**Einwohner**	
	1855		778		910
	1870		1.203		1.300
	1880		3.496		3.543
	1890		6.504		4.472
	1900		11.100		9.306
	1910		17.808		15.033
	1912		19.299		16.591

An diesem raschen Anstieg der Gästezahlen hatte die Eröffnung der Pommerschen Eisenbahnstrecke Danzig–Stettin–Berlin im Jahr 1870 einen bedeutenden Anteil. 1910 betrug die Fahrtzeit von Königsberg nach Zoppot ca. drei Stunden, von Warschau neun Stunden, von Wien und Moskau ca. 17 Stunden.[10]

An der Wende vom 19. zum 20. Jahrhundert erlebte Zoppot einen Bauboom, an dem Architekten wie Adolf Bielefeldt, Carl Kupperschmitt, Paul Puchmüller und Carl Weber beteiligt waren.[11] Es entstanden viele großstädtische Bauwerke, u.a. mehrgeschossige Bürgerhäuser mit einer reichen, historisierenden Fassadengestaltung. Mit dem Bau der evangelischen Erlöserkirche (heute St. Georg-Kirche) im Jahr 1901 erhielt das Zoppoter Panorama seinen ersten würdigen Blickfang. Wenige Jahre später entstanden das Nordbad (1903) – ein Beispiel des Jugendstils in der Holzarchitektur –, das Südbad (1907) im norwegischen Stil sowie ein Warmbad (1903/04) im späthistoristischen Stil.

Reges Strandleben in Zoppot, vor dem Ersten Weltkrieg

Das dritte Kurhaus (1909–1912), ein Werk des Architekten Carl Weber mit prunkvollen Räumen, war eines der größten in Nordeuropa und wurde zum Wahrzeichen des repräsentablen Seebades.

Die Gemeinde sorgte auch für eine Ausweitung des Kultur- und Sportangebots. Ende des Jahrhunderts wurden die ersten Tennisplätze und die Pferderennbahn (1898) angelegt. 1901 organisierte man die erste Sportwoche mit den Sportarten Reiten, Tennis, Turnen und Schwimmen – die zu den Wettbewerben der Deutschen Meeresmeisterschaften zählten. Die Gründung der berühmten Waldoper erfolgte 1909. Diese Sport- und Kulturveranstaltungen prägten das gesellschaftliche Leben des Seebades jahrzehntelang bis in die Zeit des Zweiten Weltkriegs hinein.

Der Anspruch Zoppots, das »beste« Seebad der Welt zu sein, zeigte sich schon vor dem Ersten Weltkrieg in seiner öffentlichen Präsentation. So verkündete der *Zoppoter Illustrierte Führer* im Jahr 1910, dass »Zoppot, zu den schönsten Seebädern der Welt zählt«[12]. Der Erste Weltkrieg brachte diesen Aufschwung jäh zum Erliegen. Die Opernaufführungen in der Waldoper und die Zoppoter Sportwoche wurden für fünf Jahre unterbrochen.

Die ehemalige evangelisch-lutherische Erlöserkirche, heute katholische Kościół św. Jerzego. Postkarte, nach 1945

Zoppoter Südbad, erbaut 1907, beherbergt heute ein asiatisches Restaurant, 2009

Warmbad in Zoppot, erbaut 1903/04, wird heute noch als Kuranlage benutzt, 2009

Aufführung in der Waldoper, in der Zwischenkriegszeit

Zoppoter Seesteg, vor dem Ersten Weltkrieg

Eine zweite Blütezeit erlebte der Kurort in der Zwischenkriegszeit, als er aufgrund des Versailler Vertrages zu der vom Deutschen Reich abgetrennten, unabhängigen Freien Stadt Danzig gehörte. Auch in dieser Zeit gelang es Zoppot, seine Ambitionen ein Weltbad zu sein zu verwirklichen. Die Waldoper, an der seit 1922 ausschließlich Werke Richard Wagners zur Aufführung gelangten, erwarb sich ebenso internationale Anerkennung wie die Sportveranstaltungen mit ausländischen Teilnehmern u. a. aus Polen, Großbritannien und Schweden.

Zur Eröffnung der Zoppoter Sportwoche 1930 unterstrich der Oberbürgermeister Hermann Lewerenz die internationale Bedeutung des Seebades: »Bei voller Wahrung ihres deutschen Charakters betrachtet sich die Stadt Zoppot als das völkerverbindende Weltbad des Ostens und möchte damit auch Mittelpunkt aller sportlichen Wettkämpfe und Veranstaltungen des Ostens werden, die außerhalb aller politischen und nationalen Gegensätze stehen.«[13]

Gebäude wie das 1927 errichtete »Casino Hotel« setzten neue Akzente im Stadtbild von Zoppot. In der Zwischenkriegszeit wurde der aus den 1830er Jahren stammende Seesteg, der bereits 1842 auf 60

Meter verlängert worden war, durch einen weiteren Ausbau auf etwa 550 Meter Länge zum längsten Seesteg an der Ostsee. Mit seinem quer ansetzenden Wellenbrecher diente er auch als Anlegeplatz für den bekannten »Seedienst Ostpreußen«, eine Schiffsverbindung von Kiel nach Memel.

Die Zahl der Einwohner Zoppots stieg bis 1929 auf 30.000, die der Badegäste lag bei fast 28.000 jährlich.[14]

Das internationale Leben

Im 19. Jahrhundert und zu Anfang des 20. Jahrhunderts fanden sich im Seebad Zoppot Badegäste verschiedener Nationalitäten ein. Nach den im *Zoppoter Anzeiger* regelmäßig erscheinenden Badelisten stammten sie aus verschiedenen Gegenden des Deutschen Reiches (vor allem aus Pommern, West- und Ostpreußen), dem Russischen Reich, der Habsburger Monarchie sowie aus der Schweiz, den Niederlanden, Portugal und sogar aus Nordamerika. So hielt der *Zoppoter Anzeiger* im Jahr 1890 fest: »Die Besucher unseres Badeortes, deren Zahl auch in diesem Jahre wieder erheblich gewachsen ist, setzten sich fast aus allen Ländern Europas zusammen.«[15]

Zu den prominentesten deutschen Badegästen des 19. Jahrhunderts gehörten Angehörige der Kaiserfamilie. Schon 1828, vier Jahre nach der offiziellen Gründung des Zoppoter Ostseebades, badete Kronprinz Friedrich Wilhelm von Preußen, der spätere Friedrich Wilhelm IV., hier früh morgens bei 16°C in der Ostsee. Er besuchte Zoppot außerdem in den Jahren 1829, 1834 und 1836.[16] Ab 1911 kamen Kronprinz Friedrich Wilhelm von Preußen, Sohn des Kaisers Wilhelm II., und seine Frau Cecilie von Mecklenburg-Schwerin mehrere Jahre lang jeden Sommer nach Zoppot, wo sie die Stadtvilla »Seehaus« neben dem Restaurant »Stolzenfels« bewohnten. Die Kronprinzessin Cecilie von Preußen, Tochter des Großherzogs von Mecklenburg-Schwerin und der Großfürstin von Russland, Anastasia Michailowna, erinnert sich in ihren Memoiren gerne an die Familienaufenthalte in Zoppot.[17]

Nicht nur die Präsenz der Familienmitglieder der Hohenzollern, sondern auch Investitionen des Kaiserhauses trugen zur Weiterentwicklung des Ortes bei. Mit der Unterstützung der Kaiserfamilie wurde 1901 die bereits erwähnte Erlöserkirche auf dem vormaligen Seeberg in der Nähe des Bahnhofs erbaut und am 17. September des gleichen Jahres in Gegenwart der Kaiserin eingeweiht.[18]

Kronprinzen-Villa »Seehaus«. Postkarte, vor 1914

Zu den prominenten deutschsprachigen Künstlern und Literaten, die um die Jahrhundertwende und in der ersten Hälfte des 20. Jahrhunderts Zoppot besuchten, gehörten Rainer Maria Rilke und Alfred Döblin. Das Seebad dieser Zeit bildet den Handlungsraum in Romanen unter anderem von Günther Grass und Pawel Huelle.

Auf die Tatsache, dass es ausländische Badegäste Zoppot schon in der ersten Hälfte des 19. Jahrhunderts gab, verweist Haffners »Reglement für den Badeort Zoppot«, das im § 2 eine spezielle Pflicht für Ausländer enthielt: »Badegäste des Auslandes haben zugleich dem gedachten Polizei-Beamten ihre Pässe einzureichen, die ihnen bei der Abreise kostenfrei visiert zurückgestellt werden.«[19] Die Hansestadt Danzig mit ihrem internationalen Handelsverkehr sowie die Küste passierende ausländische Schiffe boten die passende Kulisse für die Etablierung eines internationalen Lebensstils in dem benachbarten Seebad.

Für einen Text aus dem Jahr 1842 schrieb der Autor I. G. Böttcher eine bemerkenswerte Einführung: »Mehr als tausend Schiffe verschiedener Größe und Gestalt segeln während des Sommers an Zopots Strande vorüber, und erregen immer den lebhaften Anteil der Fremden, weshalb hier auch wohl der Ort ist, dass Schiff dem theilnehmenden Beob-

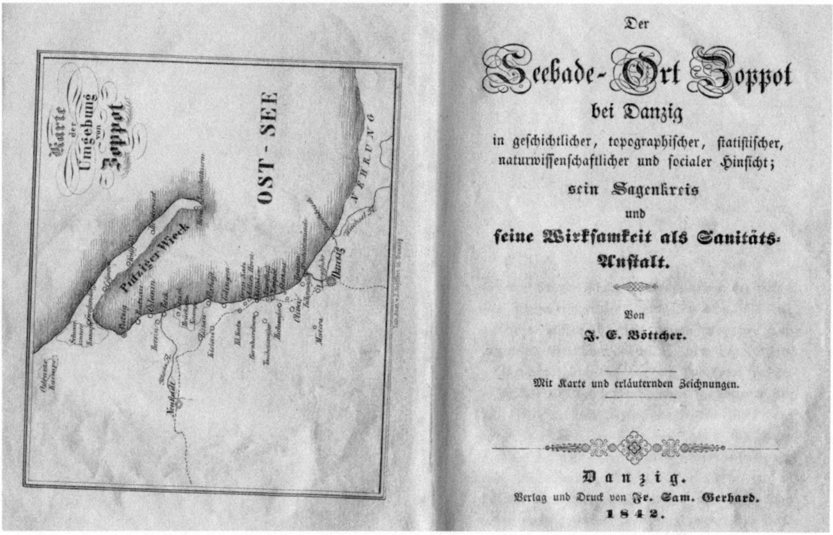

Der
Seebade-Ort Zoppot
bei Danzig
in geschichtlicher, topographischer, statistischer, naturwissenschaftlicher und socialer Hinsicht;
sein Sagenkreis
und
seine Wirksamkeit als Sanitäts-Anstalt.

Von
J. C. Böttcher.

Mit Karte und erläuternden Zeichnungen.

Danzig.
Verlag und Druck von Fr. Sam. Gerhard.
1842.

I. G. Böttchers Schrift »Der Seebade-Ort Zoppot bei Danzig«. Danzig, 1842

achter befreundeter zu machen.« Neben dort zu sehenden deutschen Schiffsflaggen – wie der aus Hamburg, Hannover oder Danzig –, erwähnt der Autor auch die Flaggen Amerikas, Belgiens, der Niederlande, Portugals, Polens, Russlands, Sardiniens, Schwedens, Norwegens, Spaniens, Dänemarks, Frankreichs, Griechenlands und Großbritanniens.[20]

Zu den Gästen der Anfangszeit des Bades gehörten vor allem Polen, die aus verschiedenen Orten des geteilten Landes, überwiegend aus dem Großherzogtum Posen und Westpreußen, stammten. Außer auf Journalisten, Literaten, Künstler und Wissenschaftler konnte man hier auch auf Mitglieder verschiedener Organisationen treffen, die für einen unabhängigen polnischen Staat eintraten.[21] Vielen Deutschen fielen die Polen durch ihr Auftreten auf: »den freien, stolzen Anstand, den elastischen Gang, die feurige Redeweise, die ausdrucksvolle Gestikulation«, eine »eigene Lebhaftigkeit«.[22] Diese Beschreibung polnischer Badegäste eines deutschen Beobachters, die positive stereotype Bilder der Polen vermittelt, ist ein Hinweis darauf, dass ihre fremde Kulturwelt in der ersten Hälfte des 19. Jahrhunderts auch anziehend auf deutsche Badbesucher wirkte.

»Ausländische Kurorte«. Ein russischsprachiger Führer mit der Beschreibung des Seebades Zoppot, publiziert vor 1914 in Berlin

Wie der Rigasche Strand zog Zoppot im 19. und 20. Jahrhundert in den Sommermonaten zahlreiche polnische Schriftsteller und Maler an. Unter ihnen waren der Schriftsteller und Literaturnobelpreisträger Henryk Sienkiewicz, die Dichter Julian Tuwim und Kornel Makuszyński sowie der polnischer Maler und Zeichner Fortunat Kossak. Auch in der Zwischenkriegszeit hielten sich im Seebad viele Polen auf. Der Schriftsteller, Dramaturg und Dichter Adolf Nowaczyński beschrieb in den *Literarischen Nachrichten* im Jahr 1934 das polnische Flair Zoppots. Danach prägten polnische Badegäste, die polnische Sprache, polnische Gerichte in Restaurants sowie die »schönsten Badeanzüge« der Warschauer Frauen das Bild des Seebades.[23]

Schon vor dem Ersten Weltkrieg begaben sich auch zahlreiche Gäste aus dem Russischen Reich nach Zoppot: Russen, Deutschbalten, russische und polnische Juden. Ein Symbol russischer Präsenz in dem Seebad war damals ein Hotel, das den Namen der russischen Hauptstadt trug – das Hotel St. Petersburg. In der Zwischenkriegszeit machten Exilrussen den Ort an den »Tagen der russischen Kultur« zu einem Zentrum ihrer Kultur. Dort versammelten sich die russischen Emigranten, die in der Freien Stadt Danzig lebten, zu Vorträgen über russische Literatur, Theaterinszenierungen russischer Werke sowie Aufführungen russischer Romanzen und anderer Musikstücke. In Zoppot, einem von Russland weit entfernten Ort, wollten sie die Kultur lebendig erhalten, die ihnen in ihrem Heimatland verlorengegangen zu sein schien. Diese Meinung, die viele Exil-Russen teilten, brachte der russische General E. B. P. Selinski in einer Rede in Zoppot zum Ausdruck: »Das heutige Russland schläft noch immer: es darf seine völkisch-kulturelle Eigenart nicht äußern, doch seinen vertriebenen Söhnen und Töchtern in der Fremde ist es vergönnt, seinen geistigen Kulturbesitz zu pflegen.«[24]

Strenggläubige jüdische Badegäste, die auf koschere Speisen Wert legten, konnten spezialisierte Unterkünfte in den jüdischen Pensionen Sandelowitz und Philippsohn in der Südstraße finden. Erst kurz vor dem Ersten Weltkrieg entstand eine jüdische Gemeinde in der Stadt, die 1914 die Einweihung ihrer Synagoge feiern konnte. Die Zahl ihrer Mitglieder wuchs nach dem Ersten Weltkrieg aufgrund der Einwanderung polnischer und russischer Juden, die sich vor allem in Danzig und Zoppot niederließen.

In den 1920er und 1930er Jahren verstärkte die Gemeinde ihre Bemühungen, wohlhabende Kurgäste und Touristen aus Deutschland und dem Ausland anzuziehen. Einen wirkungsvollen Auftritt hatte Zoppot auf der Posener Touristikausstellung, die am 6. Juli 1930 eröffnete und auf der die Staaten Europas ihre Kurorte vorstellten. Die Zoppoter warben mit einem großen Modell ihrer Unterstadt – des Villen- und Hotelviertels – einschließlich der Kuranlagen und des Seestegs sowie Modellen des Kasinohotels und der Waldoper. Eine lange Reihe von Fotografien illustrierte das Badeleben des mondänen Kurortes.[25]

Die Badetouristen mussten in der Zwischenkriegszeit allerdings eine umständlichere Anreise nach Zoppot in Kauf nehmen. Infolge der Festlegung neuer deutsch-polnischer Grenzen im Versailler Vertrag, der einen polnische Korridor geschaffen und Zoppot der Freien Stadt Danzig zugeschlagen hatte, ergab sich eine starke Verschiebung alter Verkehrswege und der Verbindungen zwischen dem Seebad und Deutschland. Deutsche Staatsangehörige benötigten jetzt für die Anreise nach Zoppot ein Transitvisum. Demgegenüber gestattete die Einrichtung neuer Schiffs- und Luftverkehrsverbindungen einen erleichterten Grenzübertritt. Besonders populär war die Dampferlinie Swinemünde–Danzig–Pillau, die eine unmittelbare Verbindung nach Deutschland unter Umgehung des polnischen Korridors herstellte. Außerdem konnten die Badegäste Luftlinien zwischen Danzig und anderen deutschen und ausländischen Städten in Anspruch nehmen. In den 1930er Jahren dauerte der Flug von Berlin nach Danzig drei Stunden, von Königsberg eine Stunde, von Warschau drei Stunden und von Stockholm über Kalmar vier Stunden. Allerdings stellte eine Flugreise damals ein teures Unternehmen dar, sodass die meisten Gäste mit dem Schiff oder dem Zug nach Zoppot kamen.

Der weltoffene Zuschnitt des gesellschaftlichen Lebens in Zoppot war in den 1930er Jahren durch internationale Veranstaltungen wie ein deutsch-polnisch-schwedisches Schachturnier, ein Pferderennen und ein Tanzturnier geprägt.[26] In den »Luxus-Lichtspielen« konnten die Badegäste neueste Filme sehen, wie zum Beispiel das »Wolgamädchen« (1930), eine Liebesromanze vom Wolgastrand mit Evelyn Holt in der Hauptrolle.

Eine Institution mit einem ganz eigenen Flair und einer weit über die Region hinausreichenden Anziehungskraft war die Waldoper, die im Jahr 1909 mit der Unterstützung des Zoppoter Bürgermeisters Max Woldmann entstand. Am 11. September 1909 wurde hier die romantische Oper »Die Nachtigall von Granada« von Conradin Kreutzer aufgeführt. In den 1920er Jahren inszenierte man ausschließlich Werke Richard Wagners, häufig mit europäischer Starbesetzung. Zoppoter Reiseführer wiesen ausdrücklich darauf hin, dass das Ostseebad größ-

Werbung in der »Zoppoter Zeitung« für den Film »Wolgamädchen« mit Evelyn Holt in der Hauptrolle, 1930

Eine Szene aus Wagners »Lohengrin« in der Waldoper, 1926

ten Wert darauf legte, erste Dirigenten für das Unternehmen zu gewinnen sowie Sänger der Staatsopern Berlin, Wien, Dresden und des Festspielhauses Bayreuth zu engagieren.[27] Über die Erfolge der Waldoperaufführungen schrieben zahlreiche deutsche und ausländische Presseorgane wie die *Deutsche Allgemeine Zeitung*, das *Berliner Tageblatt*, das *Mannheimer Tageblatt*, die *Kölnische Zeitung*, die *Königsberger Hartungsche Zeitung*, die *Magdeburgische Zeitung*, *Narod*, *Warszawa* und die Zeitung der russischen Emigranten, *Rul*.[28]

Aber nicht nur Kultur- und Sportveranstaltungen boten den Badegästen ein attraktives Programm. Das Kasino, in dem bis 6 Uhr morgens zum Beispiel Bakkarat gespielt werden konnte, war europaweit bekannt. Die Glückspiele fanden in einem prächtigen Gebäude statt, das 1924–1927 als Luxushotel mit Spielkasino errichtet worden war. Der Deutschbalte Gerhard von Breitenstein betont in seinen Erinnerungen aus der Zwischenkriegszeit: »Damals gab es nur wenige Spielkasinos, und so wurde das Kasino in Zoppot zum Treffpunkt eines internationalen Publikums, das um sehr hohe Beträge spielte.« Die Erinne-

Werbeplakat für die Waldopper Zoppot. Richard Wagner Festspiele 1941

Spieler am Roulette-Tisch im Kasino. Postkarte, vor 1945

rungen des damals noch jungen Mannes an seine Spielerfahrungen waren auch nach Jahrzehnten noch lebendig: »Auch jetzt, nachdem ich die Spielkasinos im Westen, einschließlich Monte Carlo, kennen gelernt [habe], ... erscheint mir das Kasino in Zoppot als besonders prächtig und attraktiv. Nicht nur der eindrucksvolle Bau selbst mit seiner Fensterfront, die über den Kurgarten hinweg einen unmittelbaren Ausblick aufs freie Meer gestattete, sondern besonders das Treiben in den Spielsälen und Nebenräumen war für mich damals und wäre auch jetzt noch faszinierend.«[29] Allerdings besaß dieser Ort auch den Ruf einer »Spielhölle«, da dort viele menschliche Tragödien begannen, die nicht selten mit Selbstmord endeten.

Glanz und Elend der Zoppoter Geschichte

Die Geschichte des Seebades Zoppot, die sich vor allem durch eine lange Tradition der Offenheit gegenüber Fremden und eine Aura internationaler Betriebsamkeit auszeichnet, weist auch dunkle Abschnitte auf. Hier ist vor allem die Zeit vor dem Zweiten Weltkrieg zu nennen. In

Einzelpreis 30 P

Die Möwe

ZOPPOTER LEBEN IN WORT UND BILD

Die Illustrierte Zeitung der Städtischen Kur- und Badeverwaltung Zoppot

1. Jahrgang, Nr. 6

Sonnabend, den 25. Juli 1936

Inhalt:

Titelbild: Neuigkeiten im Zoppoter Strandkorb

Neubauten der Zoppoter Waldoper

Parsifal im deutschen Wald

Der Gralstempel in der Zoppoter Waldoper

Rennpferde aus Übersee

Kunstausstellung Zoppot

Zoppot-Girls

Programm der Kurkonzerte und der Festspiele der Zoppoter Waldoper

Wettstreit im Gesellschaftstanz

Die kommenden Tennisturniere

Kurveranstaltungen im Juli und August

Das Königreich der roten Blume

Maße und Zahlen der Zoppoter Waldoper

Fremdenliste

Foto Hans Sönnke, Danzig

29. Juli: Beginn des Internationalen Tennisturniers - 28. Juli: Parsifal in der Zoppoter Waldoper

Titelbild der illustrierten Kurzeitung »Die Möwe«, 1936

den 1930er Jahren geriet die Stadt immer mehr unter den Einfluss der NSDAP, die die Losung »Zoppot war deutsch, ist deutsch, bleibt deutsch!« ausgab.[30]

Im Jahr 1930 kam Albert Forster im Auftrag Adolf Hitlers nach Danzig, wo er als Gauleiter den Aufbau von NSDAP-Strukturen in Angriff nahm. Der Parteifunktionär Erich Temp, damaliger Oberbürgermeister von Zoppot, begrüßte im Juni 1939 Joseph Goebbels und am 19. September 1939 Adolf Hitler in der Stadt.[31] Zu Ehren Hitlers wurde die »Pommersche Chaussee« in »Adolf-Hitler-Straße« umbenannt. In den 1930er Jahren entstand in Zoppot die SA-Siedlung »Steinfließ«.[32]

Während des »Dritten Reiches« wurde unter dem Namen »Kraft durch Freude« der staatlich organisierte und ideologisch gelenkte Gruppentourismus aufgebaut. Zoppot entwickelte sich in dieser Zeit zu einer Hochburg der KdF-Urlauber, die in Scharen mit Sonderzügen und dem »Seedienst Ostpreußen« anreisten. Häufig zählten die KdF-Gruppen mehrere Hundert Urlauber. Der erste KdF-Sonderzug des Jahres 1939 brachte 820 reichsdeutsche Urlauber aus dem Gau Magdeburg-Anhalt in die Stadt.[33] Die *Zoppoter Zeitung* berichtete am 5. April 1939 über den KdF-Dampfer »Oceana«, der auf seiner Ostseefahrt mit 510 deutschen Urlaubern auch Zoppot besuchte.[34]

Das Seebad Zoppot präsentierte sich nun in der Presse – vorwiegend in *Die Möwe. Zoppoter Leben im Wort und Bild*, einer illustrierten Zeitung der städtischen Kur- und Badeverwaltung – als exklusiver Erholungsort der Freude und des Spiels sowie als Wassersportzentrum. Auf den Titelseiten der Zeitung aus dem Jahr 1939 sind Bilder von sportlichen und gut gelaunten Frauen zu sehen, die an einer Gymnastikschau am Strand oder an einer Tanzveranstaltung teilnehmen. Die *Zoppoter Zeitung* berichtete 1939 über ein internationales, mit »Stars« besetztes Basketballturnier und ein internationales Tanzturnier um den Großen Preis der Nationen am 22. Juli im Roten Kurhaussaal. Als künstlerisches Ereignis von hohem Rang wurde die Aufführung von Wagners Oper »Die Walküre« an der Zoppoter Waldoper bewertet. Der Ort bemühte sich auch weiterhin um die Einführung von Unterhaltungsnovitäten. So wurde im August 1939 ein Windhundrennen mit Totalisator, einem Gewinnermittlungsverfahren, angekündigt. Dazu schrieb die *Zoppoter Zeitung*: »Wenn wir auf dem Kontinent bisher den Totalisator nicht hatten, so mag daran Schuld sein, dass der Windhundrennsport hier noch verhältnismäßig neu ist.«[35]

Das Seebad und das Badeleben änderten unter dem Einfluss der Nationalsozialisten allmählich ihren Charakter: Deutsche, mehr noch: na-

Schild am Zoppoter Strand in der NS-Zeit: »Badestrand für Arier. Juden nicht erwünscht.«

tionalistische Züge beherrschten den Alltag immer stärker. So wurden in der Zoppoter Presse der Gründer des Bades Zoppot als Deutschelsässer, die Zoppoter Waldoper als Symbol des deutschen Kulturgutes und Zoppot als »deutsches Seebad« bezeichnet. Der zukünftige Bürgermeister Zoppots, Temp, schrieb 1935 in seinem Artikel »Zoppot, die Perle der Danziger Bäder«: »Hier hat der Fremdenbesuch geradezu nationalpolitische Bedeutung für die Existenz von Volk und Reich. Unsere Stadt ist ein Stück des deutschen Ostens, um den Jahrhunderte lange mit Gut und Blut gekämpft worden ist.«[36] In der Presse erschienen zunehmend abwertende Berichte über Polen und seine Bürger sowie antisemitische Artikel.

Schließlich sperrte der nationalsozialistisch geführte Freistaat Danzig das Seebad Zoppot 1938 für jüdische Gäste.[37] Die Synagoge und das Archiv der jüdischen Gemeinde wurden niedergebrannt. Im gleichen Jahr versuchte die Mehrheit der ca. 4.000 in Danzig lebenden Juden zu emigrieren. Zehn Tage vor dem Angriff Deutschlands auf Polen hielten sich in Danzig und Zoppot noch ca. 1.660 Juden auf.[38] Bei dem Einmarsch der sowjetischen Truppen im März 1945 befand sich nur noch eine kleine Gruppe deutscher Juden in der Stadt.

Der Zweite Weltkrieg, der nach dem Ersten einen weiteren Bruch in der Zoppoter Geschichte markiert, setzte der erfolgreichen Entwicklung der Stadt zum Weltbad ein vorläufiges Ende. Flucht, Vertreibung, Austausch der Bevölkerung, die erneute Änderung der Staatszugehörigkeit und später die politische Blockbildung schwächten das touristische Potenzial Zoppots entscheidend.

Von Kriegskämpfen blieb Zoppot wie Cranz im Wesentlichen verschont; zerstört wurden nur wenige Gebäude wie das Kurhaus, das Kasino und einige Hotels. Aus diesem Grund wurde die Stadt nach dem Zweiten Weltkrieg für einige Jahre Sitz der Woiwodschaftsbehörden aus dem zerstörten Gdańsk. Der lange Seesteg sowie zahlreiche prächtige Gebäude im Stil der Bäderarchitektur sind erhalten geblieben und vermitteln auch heute noch einen Eindruck von der elitären Vergangenheit des Kurortes.

Zoppot war im Bewusstsein der Polen seit dem 19. Jahrhundert ein gefragtes Seebad, dessen Flair und Renommee viele der übrigen Ostseebäder in den Schatten stellten. Polnische Badegäste besuchten trotz der angespannten politischen Situation bis weit in die 1930er Jahre das nach wie vor angesehene Seebad. Dieses Image blieb auch unter der kommunistischen Herrschaft erhalten. Nach 1945 ließen sich hier viele Intellektuelle und Künstler aus allen Teilen Polens nieder. Bereits seit den 1950er Jahren waren in Sopot wieder Angehörige einer neuen Elite anzutreffen – im Jahr 1955 berichtete die deutschsprachige Zeitung *Vorposten*: »In Zoppot und in Oliva gibt sich die Prominenz, der es auf ein paar tausend Zlotyscheine mehr oder weniger nicht ankommt, ein feudales Stelldichein.«[39]

Nach dem Zweiten Weltkrieg entwickelte sich Sopot zu einem staatlichen Kulturzentrum. Das Kulturleben prägten die Baltische Philharmonie, das Schauspieltheater und die »Staatliche Hochschule der Schönen Künste« sowie die bekannte »Sopot-Schule«, die schon kurz nach dem Zweiten Weltkrieg ihre Kulturarbeit aufgenommen hatten. 1947 nahm dann auch die Musikakademie hier ihren Betrieb auf, die allerdings nach 20-jähriger Tätigkeit nach Gdańsk verlegt wurde.

Im Gegensatz zu zahlreichen anderen Städten Nachkriegspolens erwies sich Sopot aber auch als ein Ort, der alternativen kulturellen Formen offen gegenüberstand. In einer Atmosphäre künstlerischer Freiheit und eines reichen Kulturlebens wurden hier der polnische Jazz – 1956 fand das erste Sopoter Jazz Festival statt – und später auch die polnische Rockmusik geboren. Sogar die Waldoper gelangte nach dem Krieg erneut zu Weltruhm, da dort seit den 1960er Jahren ein in-

Polnische Schauspielerin Nina Andrycz in Sopot, 1950er Jahre

ternationales Liederfestival veranstaltet wurde. Die Idee dazu stammte von Władysław Szpilman, einem Musiker und Komponisten, dem Titelhelden des mit drei Oscars gekrönten Films »Der Pianist« von Roman Polanski. Auf dem Festival traten bedeutende Sänger der Nachkriegszeit aus Polen und anderen sozialistischen Ländern auf. Zugleich gehörte es mehrere Jahrzehnte lang zu den wenigen Veranstaltungen in Polen, zu denen Schlagerstars aus dem Westen – der Bundesrepublik Deutschland, Finnland, Spanien – und Japan eingeladen wurden. Zur Zeit des Kalten Krieges, in der die Kulturkontakte zwischen Ost und West weitgehend eingefroren waren, wurde die Waldoper zum Veranstaltungsort eines Wettstreits ost- und westeuropä-

Titelblatt des Programms für das internationale Liederfestival in Sopot, 1975

ischer Sänger und übernahm so eine Brückenfunktion zwischen West und Ost.

Große Ambitionen, deren Wurzeln in der Geschichte des Seebades lagen, lebten in der Selbstdarstellung Sopots als Sommerhauptstadt Polens wieder auf. In der Volksrepublik Polen wandelte sich das Bad vom Ort der Millionäre zum Ort der Millionen, einem Hort des organisierten Gruppentourismus, ähnlich wie bereits in den 1930er Jahren. Es entstanden neue Hotelbauten, wie zum Beispiel ein großer Hotel- und Gaststättenkomplex der PTTK-Gesellschaft (Polnische Gesellschaft für Tourismus und Heimatkunde), sowie zahlreiche Erholungsheime und Campingplätze am Küstenstreifen.

Strandleben in der Polnischen Volksrepublik. Nordbad, um 1975

ul. Bohaterów Monte Cassino, um 1975

Haffner-Denkmal im heutigen Sopot, 2009

Touristen auf dem Seesteg/Molo, 2009

Die glänzende Vergangenheit des Bades in seiner deutschen Zeit, in der das Großbürgertum eine dominierende Rolle gespielt hatte, fand in der polnischen Öffentlichkeit der Nachkriegszeit so gut wie keine Erwähnung. Historische Gebäude des 19. und 20. Jahrhunderts wurden kaum restauriert. Erst mit dem Ende des Kalten Krieges wurde der Blick auf die deutsche Geschichte des Seebades frei. Eine Straße in Sopot erhielt wieder den Namen des Seebadgründers, ein Haffner-Denkmal wurde nicht weit vom Grand-Hotel errichtet und ein Hotel nach ihm benannt.

Die politische Wende und der Eintritt Polens in die EU gaben dem Kurort die Chance, sich als Zentrum des europäischen Bädertourismus wieder in Erinnerung zu bringen. Seit 1989 ist die Sopoter Selbstverwaltung bemüht, diesen Rang wiederherzustellen und an die lange Tradition des mondänen Seebades anzuknüpfen. Zu den neuen Großprojekten zählen der Bau einer Yacht-Marina im Seestegbereich sowie die Errichtung des Kulturzentrums mit einem Kurhaus, einer Kongresshalle, einer großen Kunstgalerie und einem Luxushotel.

Das königliche Seebad Cranz – Entstehung und Wiederkehr eines Mythos

Auf dem Seesteg im Ostseebad Cranz. Holzstich von W. Busch, 19. Jahrhundert

Königliche Tradition

Das ostpreußische Ostseebad Cranz, heute Selenogradsk, wurde 1816 gegründet – 23 Jahre nach der Entstehung des ersten deutschen Ostseebades am »Heiligen Damm« bei Doberan. Das kleine Fischerdorf Cranzkuhren, in dem Anfang des 19. Jahrhunderts 300 Seelen lebten,[1] war der erste Ort an der ostpreußischen Küste, der von der Regierung für die Anlage eines Seebades als geeignet befunden wurde. Vor dem Ersten Weltkrieg stieg es zum meistbesuchten Bad Ostpreußens auf und erreichte die höchsten Gästezahlen in seiner Geschichte.

Von den zahlreichen Bädern an der preußischen Ostseeküste unterschied sich Cranz vor allem durch seinen besonderen Status als königliches Bad, den es bis 1895 besaß. Die *Ostpreußische Zeitung* schrieb dazu 1871: »Die Gründung von Cranz, welche 1816 Minister von Schön (Hein-

Fahrt der Königin Luise längs der Kurischen Nehrung nach Memel Anfang Januar 1807. Nach Heydeck

rich Theodor von Schön) in Angriff nahm, um der Provinz Ostpreußen ein Seebad zu verschaffen, ist als ein Privatunternehmen zu betrachten, welches der Staat mit Geldmitteln unterstützte, aus welchem Grunde der Ort als eine königliche Badeanstalt bezeichnet wurde.«[2] Der Ruf des Kurortes beruhte neben seiner besonderen Stellung auf den Erinnerungen an die königlichen Besucher. Noch bevor Cranz als Seebad gegründet wurde, hatte sich im Januar 1807 die preußische Königin Luise auf ihrer Flucht vor den französischen Truppen nach Memel dort aufgehalten.[3] Der preußische König Friedrich Wilhelm IV. besuchte Cranz im Jahr 1843. Sein Besuch kam dem Ansehen des Ortes zugute und brachte ihm zusätzliche finanzielle Mittel für die Einrichtung neuer Grünanlagen – des Parks »Plantage« und der Birkenallee – ein.[4] Den Anspruch eines vornehmen, elitären königlichen Seebades, dem ersten Bad des Samlandes, versuchte man auch dann noch aufrechtzuerhalten, als der Ort 1895 in den Besitz der Gemeinde überging. Noch in der Zwischenkriegszeit warb ein Führer von Cranz mit der Beziehung zur königlichen Familie, indem er eine Darstellung der Königin Luise auf der Flucht mit den Worten kommentierte: »Wer von Cranz spricht, denkt an die Flucht der erkrankten Königin Luise vor den Franzosen.«[5]

In der Sowjetzeit war die deutsche Vergangenheit des Bades dann ein Tabuthema. Sein »königliches Vorleben« passte nicht in das ideolo-

Hütte bei Cranz, Radierung von Norbert Dolezich, 1930

gische Bild des Staates der Werktätigen. Seit Anfang der 1990er Jahre wird aber die deutsche Geschichte von Cranz von den russischen Einwohnern des Seebades wiederentdeckt. Die Phasen der Blüte und des Niederganges spiegeln sich noch im Stadtbild des heutigen Selenogradsk wieder.

Vom Fischerdorf zum elitären Kurort

In seiner frühen Geschichte sah das königliche Seebad Cranz wenig »königlich« aus. Auf Initiative des Königsberger Arztes und späteren Regierungsmedizinalrats Dr. Kessel wurde in Cranz im Jahr 1816 ein Kaltbad mit zwei Zellen eröffnet, das von 35 Badegästen besucht wurde.[6] Die Unterkünfte waren zu dieser Zeit noch recht bescheiden, die Badegäste wohnten in den mit Stroh gedeckten, ärmlichen Fischerhütten, während die Fischer vorübergehend in den Viehställen hausten. Ein Logierhaus wurde erst 1821 gebaut. Ein mit Ziegeln gedecktes Gebäude gab es in Cranz ab 1835. Nach Brückners Führer »Wanderungen durch das Samland« von 1844, verzeichnete Cranz damals bereits jährlich 500 bis 600 Badegäste und viele Hundert Tagesbesucher aus dem nahen Königsberg, die an den Sonntagen kamen.[7]

Der Cranzer Bahnhof – ein Tor zum Badeort Cranz, 1916

Die weitere Entwicklung des Seebades wurde durch den Ausbau der Verkehrswege in das ca. 30 Kilometer entfernte Königsberg befördert, insbesondere durch die Fertigstellung der Chaussee in die Provinzhauptstadt im Jahr 1852. Mit mehrmals am Tag verkehrenden »Journalieren« erreichten die Badegäste Cranz in drei Stunden. Das Gepäck damaliger Reisender für einen längeren Aufenthalt an der See ist mit heutigem nicht vergleichbar. Die Königsberger Familien, die an den Strand fuhren, nahmen Betten, Geschirr und anderen Hausrat in ihren Wagen mit. Eine solche Fahrt von Königsberg nach Rauschen, heute Swetlogorsk, wenige Kilometer westlich von Cranz, erlebte die Künstlerin Käthe Kollwitz noch in ihrer Jugend: »Eisenbahn gab es nicht, wir fuhren mit einer Journaliere, das war ein großer, mit vier oder fünf Sitzreihen versehener bedeckter Wagen. Die hinteren Sitzreihen waren herausgehoben, und es kam da herein, was man für viele Wochen brauchte: Bettsäcke, Wäsche, Körbe, Bücherkisten, Weinkisten.«[8]

Eine gänzlich neue Ära brach für das Seebad mit der Eröffnung der Cranzer Eisenbahn Ende des Jahres 1885 an. In den Sommermonaten wurde der Zugverkehr besonders an die Bedürfnisse der Badegäste

Fahrplan der Cranzer- und Samlandbahn, Sommer 1932

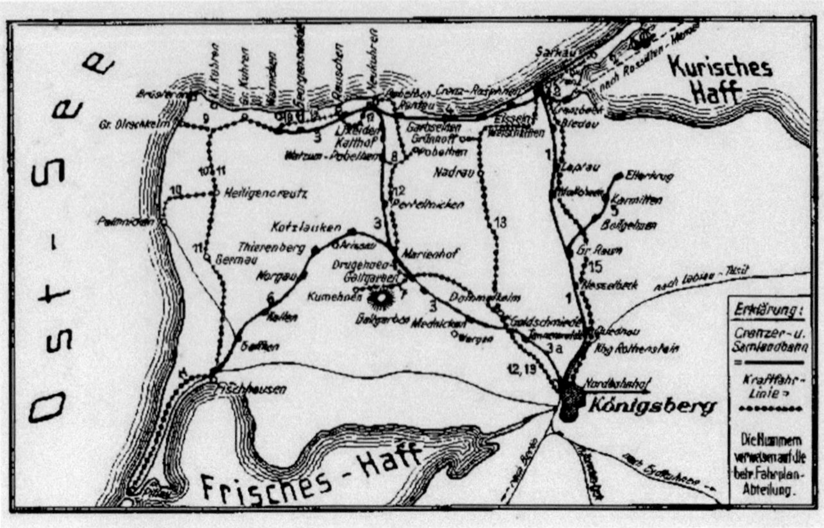

Streckenplan der Cranzer- und Samlandbahn

angepasst, indem die Zugfolge erhöht wurde. Die Fahrtdauer betrug zu dieser Zeit nur noch zwischen 35 und 60 Minuten.

Die Fahrplanheftchen mit den hellblauen Umschlagdeckeln, auf denen eine Meeresansicht mit Flügel schwingenden Möwen abgebildet war, warben für eine Fahrt »zu den Möwen an die See mit Samlandbahn und KCE (Königsberg-Cranzer-Eisenbahngesellschaft)«. Im Unterschied zu der 1900 eröffneten Samlandbahn, die zur »Ostdeutschen Eisenbahn-Gesellschaft« gehörte, war die Cranzer Bahn in Privatbesitz. Ihre Lokomotiven trugen verschiedene Namen wie »Möwe«, »Seehund«, »Haff« oder »Kant«.[9] Für die Skatspieler richtete die Königsberger-Cranzer Eisenbahngesellschaft einen speziellen Wagen 2. Klasse mit gepolsterten Längsbänken, Karten- und Rauchtischen mit Klappschemeln ein.[10] Die Eisenbahnverbindung von Königsberg nach Cranz wurde in der Zwischenkriegszeit zur meistbefahrenen Strecke Ostpreußens. An einigen Sommertagen beförderte die Bahn 10.000 bis 12.000 Badbesucher, pro Zug bis zu 1.000 Fahrgäste, und es war schwierig, einen Sitzplatz im Wagen zu erhalten. Wegen der großen Nachfrage gab es Pläne, eine elektrische Vorortbahn von Königsberg nach Cranz zu bauen, die aber nach Ausbruch des Zweiten Weltkriegs aufgegeben wurden.[11]

Hotel »Monopol« am Strand, in der Zwischenkriegszeit

Speisesaal des Hotels »Monopol«, 1920

Cranzer Herrenbad, vor 1914

Strand- und Uferpromenade vom Seebad Cranz, 1907

Familienbad im Ostseebad Cranz, 1910

»Hotel am Meer« mit dem Konzertsaal in Cranz, 1907

Der weitere Ausbau der Eisenbahn im Samland Ende des 19. und Anfang des 20. Jahrhunderts führte zur Vernetzung der ostpreußischen Ostseebäder und erweiterte das Angebot von Ausflügen für die Badegäste. Mit dem Zug konnten diese seit 1895 Cranzbeek erreichen, von dort bestanden Schiffsverbindungen über das Haff nach Rossitten, Nidden, Schwarzort und nach Memel. 1900 wurde die 45 Kilometer lange Samlandstrecke Cranz–Neukuhren/Pionerski fertiggestellt.

Mit der bequemen Bahnverbindung wurde Cranz zu einem Vorort von Königsberg, zur »Badewanne« der Königsberger. Die kurze Entfernung erlaubte Tagesaufenthalte. Wie die *Cranzer Badezeitung* mitteilte, verzeichnete der Badeort in der Saison 1912 zirka 15.000 Kurgäste und etwa 200.000 Tagesgäste.[12] Vor dem Ersten Weltkrieg hatten erstere die Wahl zwischen zahlreichen Hotels, wie dem »Ostseehotel«, dem »Großen Logierhaus«, dem »Justs Hotel«, dem »Roten Haus«, »Finks Hotel«, »Germania«, »Schloß am Meer« und vielen Pensionen. Ein Wahrzeichen des vornehmen Kurortes war das im nordischen Stil gebaute Hotel »Monopol«, das die Strandpromenade beherrschte.

Die Cranzer Gemeinde bemühte sich, das Leben der Badegäste vielfältig zu gestalten. Der Kurort präsentierte sich als ein Heil- und Erholungsort, in dem die Gäste »nicht nur einen gesunden Aufenthaltsort finden, sondern sich auch, je nach Wahl, entweder in ländlicher Einfachheit und Stille oder auch in unterhaltender Geselligkeit erholen können«[13].

Das Baden in der See war in den ersten Jahrzehnten des Bestehens des Badeortes nur zu bestimmten Zeiten gestattet: in den Stunden von 6 oder 7 Uhr vormittags bis 13 Uhr mittags und von 15 bis 18 oder 19 Uhr nachmittags, die unterschiedlichen Zeiten bezogen sich auf die Sommermonate beziehungsweise auf den September. Der konservative Sittenkodex des 19. Jahrhunderts ließ das gemeinsame Baden von Frauen und Männern nicht zu. Sogar Familienmitglieder mussten zwei verschiedene Badeanstalten – das Herrenbad im Westen und das Damenbad am Ostende der Uferpromenade – besuchen.

Die ostpreußische Autorin Gertrud Papendick, geboren 1890 in Königsberg, erinnert sich: »Wir sind als Kinder und junge Dinger noch vollständig angezogen, sogar mit Hüten versehen, zum Damenbad gezogen. Ich hatte schon ein schwarzes Trikot, aber der richtige Badeanzug war doch aus rotem Kattun, weiß gepaspelt, und reichte bis zu den Knöcheln hinab. Das Damenbad war abgezäunt und gegen Sicht geschützt.«[14] Noch im Jahr 1915, veröffentlichte die *Cranzer Badezeitung* die »Polizeiverordnung, betreffend den Verkehr und das Baden in

Aussichtsturm »Klein-Türingen« – das beliebteste Ausflugsziel der Cranzer Badegäste, 1904

und außerhalb der Badeanstalten«, die das sittliche Verhalten der Badegäste regelte. Danach durften männliche Personen »das Damenbad während der Badezeit nicht betreten, sich auch demselben nicht weiter als bis zu der durch Tafeln gekennzeichneten Grenze nähern«[15]. Die Benutzung von Ferngläsern zur Beobachtung der Badenden sowie das Fotografieren innerhalb der Seebadeanstalten waren verboten. Nach §5 war das Baden im Damen- und Familienbad nur in Badeanzügen, die den Körper von der Schulter bis zum Knie bedeckten, erlaubt.

Ein Familienbad wurde in Cranz im Jahr 1907 eröffnet und war dem Herrenbad angegliedert.[16] Aber erst nach dem Ersten Weltkrieg wurde das Reglement des getrennten Badens von Frauen und Männern aufgehoben und Herren- und Damenbad zur allgemeinen Nutzung als West- und Ostbad freigegeben. Der Badeort bot kalte und warme Bäder, medizinische Moorbäder und auf Wunsch Brunnenkuren an.

Uferpromenade des Ostseebades Cranz, 1904

Für die Sportliebhaber gab es zahlreiche Sportveranstaltungen, die im Rahmen der Cranzer Sportwoche schon vor dem Ersten Weltkrieg stattfanden: Pferderennen, Hunderennen, Tontaubenschießen und jährlich ein Tennisturnier. Nicht ausgetragen wurden jedoch Schwimmwettkämpfe, da es sich nur gute Schwimmer erlauben konnten, im Meer zu schwimmen, das wegen seiner Brandung nicht ungefährlich war.[17]

Wanderfreunde gingen gerne etwa eineinhalb Kilometer zum 16 Meter hohen, eisernen Aussichtsturm Klein-Thüringen, der einen großartigen Ausblick auf See und Haff bot.

Zu den weiteren Ausflugszielen gehörten andere ostpreußische Ostseebäder wie zum Beispiel Nidden auf der Kurischen Nehrung, die mit einem Dampfer erreichbar war.

Das breite Sport- und Freizeitangebot des Seebades, das in der Zwischenkriegszeit noch vielfältiger wurde, ist überliefert in dem 1930 verfassten Gedicht von Karl Kannacher, einem Angehörigen der Cranzer Gemeindeverwaltung. In rhythmischer Form zählt er verschiedenartige

Einrichtungen, Veranstaltungen und Aktivitäten des Cranzer Kurlebens auf. Viele von ihnen waren nicht nur für Cranz, sondern auch für andere deutsche Ostseebäder typisch. Danach konnte Cranz auf folgende Vorzüge verweisen:

Gas-, Kanal- und Wasserleitung
Lesesaal und Badezeitung
Tennisplätze, Gondelfahrten
Tanzturnier, Plantagengarten
Knospenbälle, Fünfuhrtee
Kabarett und Matinee
Kurkonzert und Freilichtbühne
Kurische Nehrung, Wanderdüne
Elchrevier und Aussichtsturm
wildbewegte See bei Sturm
Adlerschießen, Modenschau
Baden mit und ohne Frau
noch viel mehr ist hier zu schauen ... [18]

Vor dem Ersten Weltkrieg hatte sich Cranz zu einem Badeort entwickelt, in dem Unterhaltung und Vergnügungen eine große Rolle spielten. Die Gesellschaft der Sommergäste, in der ein ausgeprägtes Standesbewusstsein herrschte, vergnügte sich mit Tortenverlosungen, Soireen, sogenannten bals champêtres, dem Whistspiel oder ließ sich durch Theateraufführungen unterhalten. Zu den prominenten Gästen des Bades gehörten in der ersten Hälfte des 20. Jahrhunderts die kaiserlichen Prinzen Friedrich Karl und Friedrich Sigismund, die im Jahr 1914 an einem internationalen Tennisturnier in Cranz-Westende teilnahmen, sowie der Fürst von Lippe-Detmold, der sich 1917 nach einem kurzen Aufenthalt im Kurhaus Cranz zur Elchjagd auf die Nehrung begab.[19] Viel zahlreicher als solche Prominente waren aber in Cranz wohlsituierte Königsberger Bürger anzutreffen, die den Ort nun nicht nur als Tagesgäste besuchten, sondern dort ihre Villen in Strandnähe bauen ließen.

Das internationale Flair der Badegäste

Die schnelle Entwicklung des Seebades lässt sich an der Zunahme seiner Gästezahlen ablesen, die erstmals 1871 veröffentlicht wurden. Diese stiegen bis zum Ersten Weltkrieg kontinuierlich an und erreichten im Jahr 1913 mit ca. 15.000 Besuchern ihren Höhepunkt.[20]

Cranzer Badezeitung

und Amtliche Kurliste des Ostseebades Cranz.

Erscheint vom 1. bis 15. Juni und vom 1. bis 15. September wöchentlich dreimal, vom 16. Juni bis 31. August täglich mit Ausnahme der Tage nach den Sonn- und Feiertagen. Abonnement p. Monat 1 M. in der Expedition und in Cranz: Amtsgebäude. Fernsprecher: Königsberg i. Pr.: Nr. 7162, 7163, 7164, 7165. Cranz: Nr. 4.

Amtlicher Anzeiger der Gemeinde Cranz.

Inserate pro vierspaltige Zeile oder deren Raum 15 Pfennig. Wohnungsanzeigen 10 Pfennig. Reklamen unter dem Redaktionsstrich pro Reklamezeile oder deren Raum 40 Pfennig. Expedition: Königsberg i. Pr.: Tragh. Pulverstr. 20. — Cranz: Amtsgebäude, am Corso, Erdgeschoß, links.

Nr. 28. Cranz, Donnerstag, den 11. Juli. 1912.

Cranzer Adreßtafel.

Amts-, Gemeinde- und Badeverwaltung: Badedirektor Assessor Most, Amts- u. Gemeindevorsteher, Korso 2. Sprechst. vorm. 8–10, nachm. 3–4 Uhr. — Fernruf 4.

Kasse der Badeverwaltung: Korso 2. — Kassenstunden vorm. 9–12, nachm. 3–5 Uhr.

Vergnügungsvorsteher: Herr Krack, Sprechstunden mit Ausnahme des Sonntages von 12–1 Uhr in der Privatwohnung Augustastraße 15, pt., l.

Badeärzte:
San.-Rat Dr. Oskar Schubert, Dr. Ernst Schubert, Strandstraße 12a Villa Ellinor. — Fernruf 24. Sprechstunden von 8–10 vorm., 3½–5 nachm.
Dr. Bosse, Königsberger Straße 38, dirigierender Arzt des Krankenhauses, Röntgen-Institut. Sprechstunden von 8–10 vorm., 3–4 nachm.

Zahntechnikerin Fräulein Rudberg, Königsberger Straße 5.

Zahntechnikerin Fräulein Biczenick, Königsberger Straße 10.

Massage:
C. Seddick (Masseur) u. Frau (Masseuse), Königsberger Straße 45/46.
Frau Piotrowski, Masseuse, Königsberger Straße 22.
Frau Bahlke, Masseuse, Heinrichstraße 8.

Apotheke: Königsberger Straße 4. Fernruf 27.

Post- und Telegraphenamt: Königsberger Straße 3.

Standesamt: Korso 2. — Dienststunden 11–12 Uhr vormittags.

Redakteur der Badezeitung: Paul Sohr, Königsberg, Tragheimer Pulverstraße 20.

Das Lesezimmer befindet sich im Großen Logierhaus.

Wohnungsnachweis bei Rentier C. Neubacher, Königsberger Straße 36/37.

Programm für die Veranstaltungen im Juli 1912.

An jedem Mittwoch und Sonnabend: **Silberschießen mit der Armbrust in der Plantage.** Anfang 4 Uhr nachmittags.

*

Jeden Sonnabend **Reunion** im Saale des Großen Kur- und Logierhauses. Anfang 9 Uhr abends.

*

Donnerstag, den 11. Juli: **Damenpreisschießen auf dem Adlerschießplatz** mit der Luftbüchse. Nennungsgeld 1 Mark. Beginn 4 Uhr nachmittags.

*

Freitag, den 12. Juli: **Kinderfest.** Aufstellung 2½ Uhr in der Plantage. Festzug, Kindervorstellung, Kinderbelustigungen; abends Fackelzug. Anmeldungen ab 8. Juli täglich von 10 bis 12 Uhr vormittags im Plantagenrestaurant.

*

Sonntag, den 14. Juli, 3 Uhr nachmittags: **Pferderennen;** 6½ Uhr: **im Naturtheater „Donna Diana"** von Moreto.

*

Montag, den 15. Juli: **Tontaubenschießen.** Einsatz 10 M. Beginn 3 Uhr nachmittags. Meldungen bis zum Beginn des Schießens.

*

Dienstag, den 16. Juli, 4 Uhr nachmittags: **Hunderennen.** Nennung pro Hund und Rennen 1 M. Nennungsschluß am 9. Juli. Training am 13. und 15. Juli 11 Uhr vormittags auf dem Sportplatz am Bahnhof.

*

Mittwoch, den 17. Juli: **Spazierfahrt der Kinder in Automobilen.** Veranstaltet durch den Ostdeutschen Automobilklub.

*

Donnerstag, den 18. Juli, 4 Uhr nachmittags und 8 Uhr abends, **Benefiz für Herrn Kapellmeister Thierfelder** unter Mitwirkung von Frau Thierfelder (Harfe) in der Plantage.

*

Donnerstag, den 18. Juli: **Vorrunden zum Lawn-Tennisturnier.** Nennungsschluß am 13. Juli. Auslosung am 14. Juli im Restaurant Plantage. Nennungsgeld 3 und 2 Mark.

*

Freitag, den 19. Juli: wie vor.

*

Sonnabend, den 20. Juli: wie vor. 3 Uhr nachmittags: **II. Ostdeutsches Fußballturnier.** Abends: **Seefeuerwerk.**

*

Sonntag, den 21. Juli: **Schlußrunden Lawn-Tennisturnier.** 3 Uhr nachmittags: **Pferderennen.** 6½ Uhr im **Naturtheater: „Die Romantischen"** von E. Rostand und **„Herbstzauber"** von R. Presber.

*

Montag, den 22. Juli, abends 8 Uhr: **Knospenball** im Großen Logierhaus.

*

Donnerstag, den 25. Juli: 4 Uhr nachmittags: **Badefest** in der Plantage.

*

Freitag, den 26. Juli: 3 Uhr nachmittags: **Sandbaufest** am Strande.

*

Sonntag, den 28. Juli: **Blumenkorso.**

*

Montag, den 29. Juli: **Gemeinsamer Dampferausflug nach Rossitten.**

Aenderungen vorbehalten.

»Cranzer Badezeitung und Amtliche Kurliste des Ostseebades Cranz«, 1912

»Gruss vom Ostseebad Cranz. Neues Kur- und Logierhaus.« Kurhaus, 1910

Zahl der Badegäste in Cranz (1871–1934)

Jahr		**Badegäste**	
	1871		1.148
	1900		8.493
	1909		13.005
	1913		15.000
	1921		10.250
	1934		12.521

Wie die Tabelle zeigt, sank die Zahl der Badegäste in der Zwischenkriegszeit, da nach dem Ersten Weltkrieg die vornehmen Gäste aus dem russischen Zarenreich ausblieben. Vor dem Ersten Weltkrieg hatten sie die Mehrzahl der ausländischen Badegäste gebildet. Nach der *Cranzer Badezeitung*, die in dieser Zeit regelmäßig eine Gästeliste des Ostseebades veröffentlichte, stammten die russischen Gäste aus verschiedenen Regionen Russlands, z.B. aus Moskau, St. Petersburg, Smolensk, Omsk, Charkow. Die wachsende Zahl der russischsprachigen Besucher ließ es lohnend erscheinen, einen Führer durch Königsberg und nahe gelegene Badeorte in russischer Sprache zu veröffentlichen.

Im Jahr 1912 erschien dieser Führer bereits in der dritten Auflage.[21] Diesem zufolge zeichnete sich Cranz durch hervorragende sanitär-hygienische Bedingungen, Elektrizität und Gaslicht in jedem Haus, Kanalisation und Wasserleitungen sowie preiswertes Wohnen in Pensionen und Hotels aus. Die russischen Reisenden, denen die Ostsee im Zarenreich zu kalt und die Natur zu rau waren, schätzten das milde, kühle Klima und das hervorragende Essen in Cranz. Reiche Familien kamen mit viel Personal und umfangreichem Gepäck und mieteten Zimmer im luxuriösen »Großen Logier- und Kurhaus«. Die jungen Leute unter den russischen Badegästen fielen durch ihre uniformierte Kleidung auf: schwarze Blusen, lange Hosen, Leinenlitewken – blusenartige längere Jacken –, Gürtel und Schirmmützen.[22]

Die gläubigen Badegäste hatten die Möglichkeit, lutherische, katholische und jüdische Gottesdienste zu besuchen. An der Königsberger Straße, nicht weit vom Kurhaus entfernt, lag eine Synagoge, die Anfang des 20. Jahrhunderts mit finanzieller Unterstützung der Königsberger Juden gebaut worden war.

Die zahlreichen Badegäste jüdischen Glaubens kamen vor dem Ersten Weltkrieg vor allem aus Russland sowie Königsberg. In Königsberg, das sich im 19. Jahrhundert zu einer Drehscheibe des Ost-West-Handels entwickelte, gab es eine russisch-jüdische Kolonie. Viele jüdische Landeskinder und Ostjuden studierten in der Hauptstadt Ostpreußens. Der Führer durch Cranz von 1902 informiert über vier jüdische Pensionen: Otto Lewinsky, Hanna Masie, J. Seidler, Palnitzky.[23] Allerdings versuchte die Gemeinde, ärmere russische Juden von der Uferpromenade fernzuhalten, um das vornehme Erscheinungsbild des Ortes nicht zu schwächen: »Nur den schmutzigen russischen Juden, die in ekelerregendem Aufzuge öffentlich Ärgernis und den Widerwillen auch des anständigen jüdischen Publikums hervorrufen, ist, wie jeder anderen Person in unordentlicher Kleidung oder in Ärger erregendem Zustande, der Zutritt versagt.«[24] Bis 1933 existierten einige Hotels und Fremdenheime, die sich hinsichtlich der Verpflegung auf die jüdischen Kurgäste eingestellt hatten. In den 1930er Jahren ging die Zahl der jüdischen Gäste aufgrund der zunehmenden antisemitischen Maßnahmen rapide zurück.

Der Zweite Weltkrieg und der Kalte Krieg schadeten dem internationalen Image des Seebades sehr. Die Region war militärisch besetzt und für ausländische Touristen nicht zugänglich. Erst mit der Freigabe des Kaliningrader Gebiets, dem nördlichen Teil des früheren Ostpreußen, für westeuropäische Besucher im Jahr 1991 setzte ein Besu-

Selenogradsk nach dem Zweiten Weltkrieg, 1947

cherstrom ehemaliger Landesbewohner ein, die ihre Heimatorte wiedersehen wollten. Auch nach Selenogradsk kamen Touristen, die den Ort aus der Zeit vor dem Krieg kannten oder dort geboren worden waren.

Untergang und Identitätswandel

Die Kämpfe um Ostpreußen im Winter und Frühling 1945 gehörten zu den zerstörerischsten und blutigsten Auseinandersetzungen des Zweiten Weltkriegs. Auch die Zivilbevölkerung der Ostseebäder, die bis zum Winter 1944/45 die Schrecken des Krieges kaum kennengelernt hatte, waren nun wie die vieler anderer ostpreußischer Städte betroffen. In Tagebüchern und Erinnerungen hielten Cranzer das Elend des Krieges fest: Hunger, Entkräftung, Typhus und Vergewaltigungen. Viele Menschen gingen in ihrer Hoffnungslosigkeit »ins Wasser«[25]. Die nicht geflohenen deutschen Einwohner erlebten den Untergang von Cranz nach der Beendigung der Kriegshandlungen noch selbst mit. So beklagte Erna Ewert in ihren Aufzeichnungen aus den Jahren 1945–1947: »Ich

Aufbauarbeiten in Selenogradsk, 1950

habe es sehr schwer bei der Kurverwaltung. Die Promenadebalken fortschaffen zum Bauplatz. Das frühere Kurstadthaus wird zum Hotel umgebaut. Der gute Parkettboden wird rausgerissen und dafür kommt ein Zementboden rein. Am Abend bin ich so müde, dass ich fast zusammenbreche.«[26]

Die Mehrheit der Cranzer Bevölkerung flüchtete oder wurde später nach Deutschland umgesiedelt. Das Ende des Krieges bedeutete für den Ort, der kaum zerstört war, den Abschied von seiner deutschen Identität und den Wandel zu einer russischen bzw. sowjetischen Stadt.

Cranz war von den Maßnahmen der sowjetischen Verwaltung genauso betroffen wie die anderen Städte des Kaliningrader Gebietes. Nach der Übergabe des Nordteils Ostpreußens an die Sowjetunion war diese um Aneignung des fremden Landes bzw. Sowjetisierung bemüht. Zu dieser Politik gehörten die Ansiedlung einer neuen Bevölkerung, die Namensänderung von Orten und Straßen und die Errichtung sowjetischer Denkmäler.[27] Cranz – vom pruzzischen »crantas« (Küste) – erhielt einen neuen Namen mit ganz anderem Klang und Sinn und heißt heute Selenogradsk (grüne Stadt). Die ehemalige Königsberger Straße wurde

Lenin-Denkmal vor dem Gebäude des ehemaligen Kaufhauses »Sternfeld«, 1956

Hotel »Schloß am Meer« in Cranz, 1925

»Strandhotel« in Cranz, Anfang 20. Jahrhundert

nach dem Krieg in Leninstraße, die Hohenzollernstraße in Moskauer Straße umbenannt. Andere Straßen erhielten Namen russischer Schriftsteller oder sowjetischer Helden wie Turgenjew- oder Gagarinstraße. Nicht weit vom ehemaligen Hotel »Königin Luise« wurde ein Denkmal errichtet, das an die gefallenen sowjetischen Soldaten erinnert, und in der Nähe des Kurhauses wurde ein Lenin-Denkmal aufgestellt, das dort noch heute steht.

Viele der alten Hotels verfielen in der Sowjetzeit oder wurden bis zur Unkenntlichkeit verändert. Das Hotel »Monopol«, das 1904 im Zentrum der Promenade eröffnet worden war, verschwand in den 1940er Jahren aus dem Bild der Strandpromenade. Im kalten Winter 1946/47 benutzten Ortsbewohner das Holz der Hoteltürmchen als Brennstoff zum Heizen ihrer Wohnungen. Das Hotel »Schloss am Meer« wurde Ende des Krieges von einem Artilleriegeschoss getroffen und brannte ab, das »Strandhotel« verfiel nach dem Zweiten Weltkrieg, das Hotel »Zum Elch« wurde Anfang der 1990er Jahre abgetragen.[28]

Schon 1952 lud die Broschüre »Kurort Selenogradsk«, die in Kaliningrad erschien und Ostpreußen als altes slawisches Land bezeichnete, sowjetische Bürger zu Kuraufenthalten nach Selenogradsk ein. Die für einen Aufenthalt notwendigen Einweisungsscheine waren in Städten wie Minsk, Nowosibirsk, Iwanowo, Kemerewo, Kuibyschew, Leningrad, Molotow, Saratow, Swerdlowsk, Kursk, Kasan, Woronesh oder Kischinew erhältlich.[29] Für die Anreise in das Gebiet war allerdings ein Passierschein der Milizorgane notwendig.

In den 1960er Jahren wurde Selenogradsk in das sowjetische Tourismussystem einbezogen, das für die Etablierung des Massentourismus sorgte. Der Kaliningrader Gebietsrat für Tourismus bilanzierte in seinem Rechenschaftsbericht auf einer Konferenz im Jahr 1965: »Massentourismus, eine Form der aktiven Erholung der Werktätigen, entwickelt sich mit jedem Jahr weiter [...], 1963–1964 gab es 12.000 Ausflüge und Reisen innerhalb des Gebiets. Daran nahmen mehr als 200.000 Touristen teil, 1.246 Personen haben die notwendige Norm erfüllt, um die Auszeichnung ›Tourist der UdSSR‹ zu erhalten. Regelmäßig wurden Spaziergänge außerhalb der Stadt in den Wald und zum Meer organisiert.«[30] Nach sowjetischem Verständnis war mit Tourismus eine sportlich aktive Urlaubsgestaltung gemeint, die auf das Erreichen bestimmter Leistungen ausgerichtet war, die dann prämiert wurden. Im Rahmen organisierter Reisen wie »Durch Kurorte des Kaliningrader Gebietes« und »Kurische Nehrung« kamen in den 1970er Jahren immer mehr Touristen mit dem Bus nach Selenogradsk.[31]

Hotel »Zum Elch«, Anfang der 1990er Jahre abgetragen, 1930er Jahre

Hauptgebäude des Erholungsheims »Selenogradsk«, in der Sowjetzeit

Restaurant »Priboi« (Brandung), ein Bau der Sowjetzeit, heute leer stehend

In der Stadt, deren Einwohnerzahl in der Nachkriegszeit bedeutend anwuchs, entstanden mehrere Heil- und Erholungseinrichtungen, die Tausende von Besuchern im Jahr aufnehmen konnten. Ende der 1970er Jahre verfügte das ehemalige königliche Bad über das Sanatorium »Selenogradsk«, zwei spezialisierte Sanatorien, ein Sanatorium nur für Fischer und ein Erholungsheim der Gewerkschaft. Insgesamt fanden jährlich 20.000 Urlauber in einer dieser Einrichtungen einen Platz.[32] 1975 erhielt Selenogradsk den Rang eines staatlichen Kurortes, der 1998 bestätigt wurde; seit 1999 ist es ein Kurort mit überregionaler, gesamtrussischer Bedeutung.

Das Stadtbild veränderte in den 1960er und 1970er Jahren allmählich seine Gestalt, als zahlreiche Neubauten errichtet und eine neue Promenade aus Beton, die sogenannte »Betonade«, angelegt wurden. Bedingt durch das enorme Bevölkerungswachstum sowie das auf große Dimensionen angelegte sowjetische Repräsentationsbedürfnis musste die individuelle, kleinteilige Bäderarchitektur aus deutscher Zeit einer anderen Art von Bebauung weichen. In Selenogradsk wurden nun mehrstöckige Häuser gebaut, wie zum Beispiel das Sanatorium »Tschaika« (Möwe), das an andere Großbauten der Sowjetunion erinnert. Mit

Hotel »Tschaika« (Möwe), 2010

solchen Projekten förderte die sowjetische Baupolitik die Typisierung und Homogenisierung des Stadtbildes auf Kosten der früheren individuellen Gestaltung. Entsprechend veränderte sich auch die Strandpromenade. Der Unterschied zwischen den Epochen zeigt sich auch in den hohen Besucherzahlen des Strandes, der in den Sommermonaten so überfüllt ist wie die Strände in den Ferienregionen am Mittelmeer.

Die Stadt Selenogradsk lebt in einem anderen Rhythmus als das ostpreußische Cranz. Sie ist in den Sommermonaten lauter und dichter bevölkert. Die meisten Badegäste sind Russen, russische Traditionen prägen den Alltag und manifestieren sich in der Vorliebe für häufiges Feiern und in anderen Formen der Freizeitgestaltung.

Die russische Tradition äußert sich auch in den russischen Erinnerungslandschaften. Selenogradsk wurde inzwischen als deutscher Ort mit einer russischen Tradition entdeckt. Der Führer »Kaliningrader Gebiet«, 2007 in Moskau veröffentlicht, berichtet, dass Ostpreußen nach dem Siebenjährigen Krieg (1756–1763) fünf Jahre lang von der russischen Zarin Jelisaweta Petrowna regiert worden war.[33] Man entdeckte, dass bekannte Russen – wie die Uraler Fabrikanten Demidowy, der Historiker Nikolai Karamsin, der Schriftsteller Denis Fonwisin, die Ge-

An den Besuch des russischen Ministers des Inneren Pjotr A. Stolypin erinnert im heutigen Selenogradsk eine Gedenktafel, 2009

Olga Mastrenkos Gemälde »Selenogradsk im Winter«

brüder Alexander und Karl Brjullow sowie der Dekabrist Wilhelm Küchelbecher – auf dem Weg von Königsberg nach Memel Cranz besucht hatten. Besonderer Wert wird auf die Erinnerung an den Cranzer Aufenthalt des russischen Staatsmannes, Ministers des Inneren und Vorsitzenden des Ministerrates Russlands Pjotr A. Stolypin im Jahr 1903 gelegt. Daran erinnern in Selenogradsk eine Gedenktafel am ehemaligen »Ostseehotel« und eine Ausstellung über das Leben und die Tätigkeit des russischen Ministers in der lokalen Bibliothek. Außerdem wur-

Wladimir Uljanows Aquarell »Selenogradsk«

den in den letzten Jahren zahlreiche populäre und wissenschaftliche Artikel sowie Erinnerungen russischer Reisender zum Thema »Russen in Ostpreußen« veröffentlicht.[34]

Das andere wichtige Thema der Erinnerung bildet der Rückblick auf die »russischen« Neusiedler des Kaliningrader Gebietes. In mehreren Oral-History-Projekten nach der Perestroika haben russische Forscher sowjetische Neusiedler im Königsberger Gebiet über ihre »deutschen« Erfahrungen befragt. Ihre Berichte veranschaulichen das Gefühl der Fremdheit gegenüber den neuen Orten und die gleichzeitige Faszination, die sie für sie empfanden – so zum Beispiel Marija F. Zezjulja, die 1929 in einer Siedlung des Kirowograder Gebiets geboren worden war und im August 1946 nach Cranz kam: »Mein erster Eindruck war: das ist eine Gartenstadt. Entlang des Bahnsteigs zog sich ein kleiner Zaun mit dekorativen Rosen, überall Blumen und Sauberkeit.«[35] Andere Umsiedlerinnen, wie Nina Grigorewa, waren fasziniert vom grenzenlosen Meer und dem breiten Strand. Nina Owtschinnikowa sind »exotische Kastanien« und »farbige Häuschen mit roten Ziegeldächern« in Erinnerung geblieben.[36] Ihr Gefühl, in einer fremden Stadt zu wohnen, ist mit den Jahrzehnten verschwunden. In zahlreichen Gedichten, Bildern und Schriften bekennen sich Selenograder zu der Stadt, in der sie geboren wurden, aufgewachsen sind und deren deutsche Vergangenheit sie erst vor kurzer Zeit entdeckt haben.

Cranz in deutschen Erinnerungen

Das Moor- und Seebad Cranz hat in der deutschen Literatur weniger Spuren hinterlassen als die Badeorte, in denen Künstlerkolonien existierten oder weltbekannte Schriftsteller sich längere Zeit aufhielten, wie zum Beispiel Nidden, das von Thomas Mann besucht wurde. Zu den bekannteren Literaten unter den Gästen von Cranz zählte Alfons de Ressee, der »Cranzer Poet«, der den Ort in seinen Gedichten »Gruß an Cranz«, »Das eine und das andre Cranz«, »Knospenball« und »Das Schloß am Meer« besonders eindrucksvoll gepriesen hat.[37] Sie schildern ein Idealbild des Badeortes mit seinem brandenden und brausenden Meer, prächtigen Hotels, idyllischen Landschaften und verschiedenartigen Angeboten für Erwachsene und Kinder. Auch Agnes Miegel, eine bekannte ostpreußische Schriftstellerin und Journalistin der Zwischenkriegszeit, schrieb begeistert über Cranz, das sie als Kind noch erlebt hatte. Sie widmete dem Badeort ein Gedicht mit dem Titel »Cranz«, in dem sie ihre Naturerfahrung am Cranzer Strand hervorhebt.[38]

Zahlreiche Erinnerungen ehemaliger Einwohner Ostpreußens an Cranz entstanden vor allem nach dem Zweiten Weltkrieg und wurden als Memoiren oder in Büchern über Ostpreußen und Zeitschriften wie dem Samländischen Heimatbrief »Unser schönes Samland« des Kreises Fischhausen und des Landkreises Königsberg/Pr. veröffentlicht. Nicht selten wird auch in ihnen das Cranz der Vorkriegszeit als ein vollkommener Ort idealisiert. Hier hatte man Laufen gelernt, das Familienleben in Ferienhäusern genossen, Freunde getroffen, gewandert, gebadet und eine harmonische Zeit verbracht. Dieses Bild konnten die tragischen Erfahrungen des Krieges nicht zerstören.

Für die vielen Ostpreußen, die durch Flucht und Vertreibung ihre Heimatorte verloren und sich in der Nachkriegszeit an einem neuen Ort zurechtfinden mussten, besitzen diese Erinnerungen einen besonderen Wert und eine identitätsstiftende Funktion. Für viele wird die Ent-

Hotel »Kurhaus« in Selenogradsk, 2009

fremdung vom Heimatort erst nach dem erneuten Besuch spürbar: »Es war kein ›Nach-Hause-kommen‹«, sagen die einen. Andere meinen: »Unser Cranz gibt es nicht mehr, es ist Selenogradsk geworden [...], die Straßen wirken fremd, die Häuser sind verwohnt, unsere Wege und Anlagen, einst so gepflegt, sind verwildert oder gar nicht mehr vorhanden. Es gibt nur noch russische Gräber [...].«[39]

Auf Spaziergängen durch die Stadt versuchen ehemalige Stadtbewohner den Geist des alten Cranz zu entdecken. Sie finden ihn allenfalls noch im Rauschen des Meeres, im Verlauf der Straßen und in jenen alten Gebäuden, die ihre Konturen bewahrt haben bzw. fast unverändert geblieben sind, wie der Cranzer Bahnhof, die Schule und das Postamt, die Hotels »Ostpreußen«, »Königin Luise« und »Ostseehotel«, die Villen »Krell« und »Friedrich Bast«, das Kurhaus, das alte Gebäude der Kurverwaltung und die Adalbert-Kirche.

Für die meisten Heimattouristen bedeutet ein Besuch der ehemaligen deutschen Seebäder Ostpreußens eine Erinnerungs- und Ent-

Ehemaliges Gebäude der Kurverwaltung, erbaut Anfang 20. Jahrhundert, 2009

deckungsreise, bei der sich die Freude der Wiederentdeckung mit der Enttäuschung über das Verlorene mischt. Mit ihren Reisen in die Heimatorte und ihren Investitionen in deren Zukunft, tragen sie dazu bei, den geschichtlichen Bruch zu überwinden, der das Kaliningrader Gebiet wie ganz Russland jahrzehntelang von Westeuropa trennte. Mit der Weitergabe ihrer Erinnerungen schließen sie Gedächtnislücken, die sich aufgrund des Verschweigens historischer Ereignisse in der Zeit des Kalten Krieges aufgetan haben und machen den Weg frei für eine kritische Aufarbeitung der Vergangenheit, die für die Beziehungen zwischen Deutschen und Russen von großer Bedeutung ist.

Die Annäherung der russischen Stadt Selenogradsk an ihre deutsche Vergangenheit führt zur Wiederkehr alter Cranzer Symbole, zu denen auch die preußische Königin Luise gehört. So wurde das Hotel »Königin Luise« wiedereröffnet, es existiert eine Königin-Luise-Quelle und man erinnert an das Haus, in dem Königin Luise sich auf dem Weg nach Memel aufgehalten haben soll.

Zu den neuen Bauten in Selenogradsk gehört die Quelle »Königin-Luise«, 2009

Hotel »Königin Luise«. Es trägt heute wieder seinen historischen Namen, 2009

Nach und nach gerät so die königliche Vergangenheit des Seebades Cranz wieder in den Blick der Öffentlichkeit und wird als ideelle Ressource für die weitere Entwicklung der Stadt Selenogradsk genutzt. Sie festigt die Identität des Ortes, der heute im Schatten des bedeutenderen Swetlogorsk, dem früheren Rauschen, steht, und liefert den Einwohnern Selenogradsks neue Impulse, das Stadtbild des Seebades attraktiver zu gestalten. Damit gewinnt der Ort eine hybride Identität, die deutsche und russische Elemente gleichermaßen umfasst und miteinander vereint.

Gil.N.60.

Rigascher Strand – Vielfalt in der Einheit

Kurhaus in Dubbeln, vor 1905

Eine Kette von Badeorten

Im Unterschied zu Zoppot und Cranz, die preußische beziehungsweise deutsche Seebäder waren, entwickelte sich der später als Rigascher Strand bekannte Badeort unter der Herrschaft der russischen Zaren. Das Territorium der heutigen Republiken Lettland und Estland gehörte seit Anfang des 18. Jahrhunderts zu den Ostseeprovinzen des russischen Zarenreiches. Die dort lebende deutsche Minderheit stellte bis zum Ersten Weltkrieg die politische, wirtschaftliche und kulturelle Elite. In der führenden und expandierenden Wirtschaftsmetropole Riga ließen sich in der zweiten Hälfte des 19. Jahrhunderts Zuwanderer aus Russland, darunter viele Juden, aber auch Polen und Litauer nieder. In dieser Zeit bildete sich auch eine lettische Oberschicht aus.

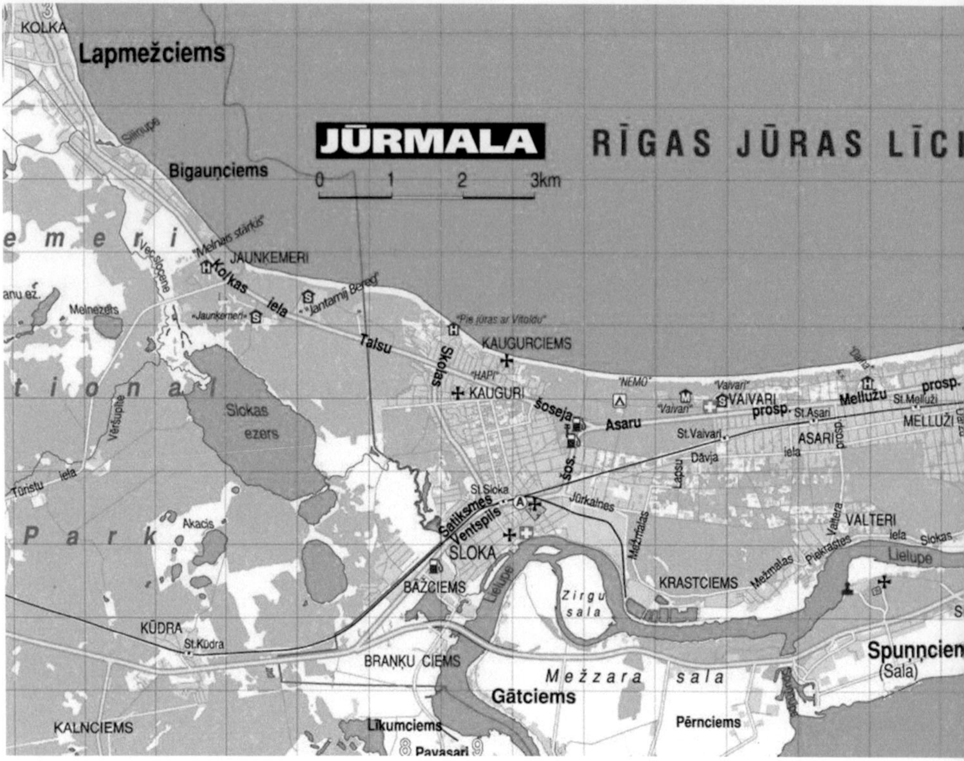

Der Rigasche Strand/Jūrmala (wörtlich Meeresstrand), unterscheidet sich von zahlreichen Bädern der Ostsee vor allem dadurch, dass unter dieser Bezeichnung mehrere Badeorte entlang der Südküste der Rigaschen Bucht zusammengefasst werden. Ein Reiseführer für die dortigen Badeorte aus dem Jahr 1911 nennt die Orte nach ihrer geografischen Lage von Ost nach West: Bullen/Bulli, Bilderlingshof/Bulduri, Edinburg/Dzintari, Majorenhof/Majori, Dubbeln/Dubulti, Neu-Dubbeln/Jaundubulti, Karlsbad/Melluži, Assern/Asari, Reeksting/Riekstini, Kaugern/Kaugurciems und schließlich Neu-Kemmern/Jaunķemeri.[1] Die Namen der einzelnen Orte wurden vorwiegend von den Fischerdörfern oder Landgütern, aus denen sie hervorgegangen waren, abgeleitet. Einige der lettischen Namen erinnern an die deutschen Bezeichnungen

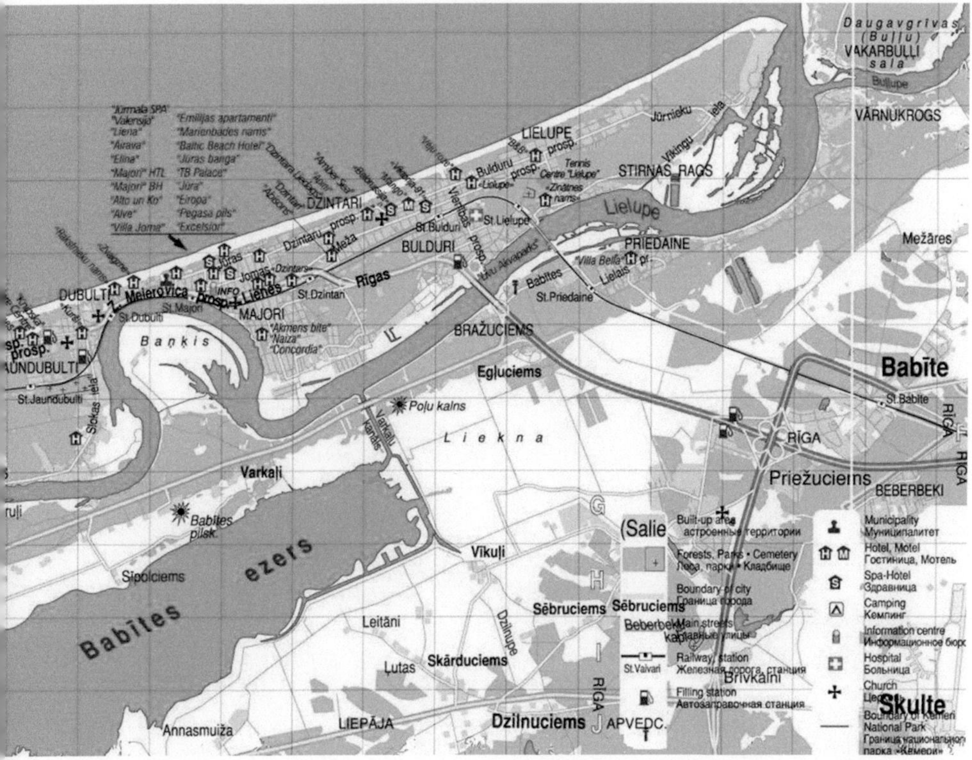

Karte von Jūrmala

wie zum Beispiel Majori, Dubulti, Asari, Ķemeri. Andere deutsche Namen lassen sich hinter den lettischen Bezeichnungen kaum noch erkennen: Bilderlingshof (Bulduri), Edinburg (Dzintari), Karlsbad (Melluži). Da parallel zum Rigaschen Strand die Kurländische Aa/Lielupe fließt, liegt der Ort zwischen Meer und Fluss wie auf einer Nehrung.

Die Stadt Riga-Strand/Rīgas Jūrmala wurde unter Einschluss aller Ortschaften zwischen Assern und Bilderlingshof 1920 gegründet.[2] Im Jahr 1926 erhielt sie ein Stadtwappen, auf dem vor einem hellblauen Grund eine Möwe über silbernen Wellen schwebt. Im oberen Teil sind drei goldene Sterne als Symbole für die historischen Regionen Lettlands – Kurzeme/Kurland einschließlich Zemgale/Semgallen, Vidzeme/Livland und Latgale/Lettgallen – abgebildet. In der Sowjetzeit wurde

Luftbild von Rīgas Jūrmala

das Stadtgebiet Rīgas Jūrmalas zu einer neuen Verwaltungseinheit erweitert. Seit 1959 gehören neben den alten Erholungsorten an der Küste auch der Kurort Kemmern/Ķemeri mit seinem Strandabschnitt Jaunķemeri sowie der Industrieort Schlock/Sloka zum Stadtgebiet, die allerdings weder am Meer liegen noch Seebäder sind.[3]

Während vor dem Ersten Weltkrieg jeder der kleinen Orte sein eigenes kulturelles Gepräge hatte, unterscheiden sie sich heute auf den ersten Blick wenig voneinander. Wenn man jedoch aufmerksam durch die Strandorte flaniert, so meint man, den genius loci des alten Rigaschen Strandes zu spüren. Der Geist der Vergangenheit lebt fort in Straßen wie der heutigen Jomas iela und der Jūras iela in Majori, historischen Bahnhöfen wie dem Bahnhofsgebäude von Lielupe (nach einem Ortsteil von Bilderlingshof, dt. Bullen), das 1913 entstand und sein Aussehen bewahrt hat, sowie in zahlreichen Holzvillen und lutherischen, katholischen und orthodoxen Kirchen.

Die Unterschiede zwischen den Badeorten am Rigaschen Strand ergaben sich aus der jeweiligen Gründungsgeschichte, der Eigentümerstruktur, der Zahl und Zusammensetzung der Badegäste sowie dem Stil des kulturellen Lebens. Von 1674 bis 1920 gehörte der Grund und Boden zwischen Majorenhof und Assern der Familie des Barons von Fircks, die auch Einfluss auf die Entwicklung der Badeorte nahm. So ließ sie ihren Grundbesitz in Majorenhof in kleine Parzellen aufteilen und bebauen, um höhere Gewinne zu erzielen.[4]

Der Aufstieg der Badeorte am Rigaschen Strand vollzog sich indes nicht immer nach einem konkreten Plan. So entstand auch der Badeort Dubbeln ohne festes Konzept. Dubbeln wird in der Literatur überwiegend als der älteste Erholungsort der Region bezeichnet, da sich nach einem Bericht des Pastors Peter Wendt hier schon im Jahr 1814 die ersten Badegäste einfanden.[5] Bis Ende der 1840er Jahre stieg ihre Zahl bis auf ca. 600 im Jahr an. Das erste Hotel wurde 1834 gebaut und das erste Kurhaus 1848 eröffnet. Die Gründung der Badegesellschaft im Jahr 1851 führte zu einem weiteren Aufschwung des Badelebens, wie der Historiker Reinhard Wittram in seiner Familiengeschichte über drei Generationen anhand eines Briefes aus dem Jahr 1856 belegt: »Dieser Ort, Dubbeln, vereinigt nun natürlich alles, was zur Unterhaltung und zum Vergnügen, dem in der Zeit alles nachgeht, dienen mag, und die Art, wie dafür gesorgt ist, entspricht den gar nicht bescheidenen Ansprüchen einer üppigen und reichen Handelsstadt.«[6] 1870 entstand in Dubbeln die erste mit Seewasser gespeiste Warmbadeanstalt des Rigaschen Strandes – »Marienbad«. Dieser Ort, der in den 1870er Jahren zu den mon-

Marienbad, die erste Kur- und Badeanstalt in der Zwischenkriegszeit

dänsten und am stärksten frequentierten Kurorten der ganzen Liv- und Kurländischen Küste zählte, verlor seine führende Position auch in der Zeit der Lettischen Republik der Zwischenkriegszeit nicht. Als nach dem Ersten Weltkrieg im unabhängigen Lettland die Ortschaften zwischen Asari und Bulduri zur Stadt Rīgas Jūrmala zusammengeschlossen wurden, etablierte sich Dubulti als administratives Zentrum und Sitz der Stadtverwaltung. In der Sowjetzeit stand hier das größte Denkmal Lenins im Baltikum und fanden von der kommunistischen Führung organisierten Aufmärsche statt. Im heutigen Jūrmala steht Dubulti allerdings im Schatten von Majorenhof, das nun als »Herz von Jūrmala« bezeichnet wird.

Im Badeort Majorenhof fanden sich die ersten Gäste Mitte des 19. Jahrhunderts ein. Ende des Jahrhunderts wurde der Ort bevorzugt von reichen und prominenten Leuten aufgesucht und wuchs schnell zu einem wirtschaftlichen und gesellschaftlichen Zentrum heran. In dem berühmten »Horns Konzertgarten« und dem »Horns Hotel« versammelte sich das elegante Publikum zu Symphoniekonzerten, Bällen und Veranstaltungen gastierender Künstler. Vor dem Ersten Weltkrieg kamen bis zu 20.000 Badegäste jährlich nach Majorenhof.[7]

Lenin-Denkmal in Dubulti, in der Sowjetzeit

Gartenpforte von »Horns Konzertgarten« in Majorenhof, abgebrannt 1913

Die Badeorte, die in weiterer Entfernung von Riga lagen als Majorenhof und Dubbeln, hatten einen bescheideneren Charakter. Nach der Beschreibung in der bereits genannten Familiengeschichte Wittrams war »Karlsbad, ein Dubbeln in kleinerem Maßstab, aber wesentlich verschiedener Physiognomie; auch da ist zwar ein Gesellschaftshaus, ein Musikchor etc.; aber es ist doch nicht alles so gedrängt und zusammengepresst, die Bevölkerung ist weniger zahlreich, und es hat alles einen weniger städtischen Anstrich«[8].

In der Erinnerungsliteratur der Deutschbalten unterschieden sich die Badeorte des Rigaschen Strandes auch hinsichtlich der ethnischen Zugehörigkeit und gesellschaftlichen Stellung ihrer Sommergäste. Die in den Ostseeprovinzen und später in Lettland lebenden Letten, Deutschen und Russen hatten jeweils ihre weitgehend eigenen Lebenswelten. Gleiches galt für die aus anderen Städten und Provinzen des Zarenreiches kommenden Gäste. Darauf verweist auch die Wahl der Badeorte. In Bilderlingshof lebten im Sommer überwiegend Kaufleute aus Riga, auch Edinburg galt als Wohnsitz wohlhabender Bürger, Majorenhof war bei Russen aus Moskau und St. Petersburg besonders beliebt, in Dubbeln wohnten zahlreiche Juden, Karlsbad wurde von Pas-

Die Badeanstalt in Kemmern, vor 1914

toren und Assern von Intellektuellen aus Riga bevorzugt. Die Vielfalt des Rigaschen Strandes spiegelte sich in der Redensart: »Bilderlingshof sei urbal, Edinburg kapital, Majorenhof international, Dubbeln oriental, Karlsbad pastoral und Assern scholal.«[9]

Entwicklung der Badegästezahl in Kemmern (1830–1914)

Jahr	1830	1838	1870	1880	1890	1901	1914
Badegäste	18	129	444	1.194	1.387	3.140	8.300

Zu den ältesten Bädern Lettlands zählt auch das nicht zum Rigaschen Strand (Alt-Jūrmala) gehörende Kemmern, das 1838 vom russischen Zaren als erstes staatliches medizinisches Bad anerkannt wurde. Bekannt wurde der Badeort durch seine schwefelhaltigen Quellen, deren Heilwirkung der Pharmazeut und Arzt David Hieronymus Grindel mittels einer chemischen Untersuchung bestätigte. Kemmern liegt weiter von Riga entfernt als die Badeorte des Rigaschen Strandes, nicht direkt an der Küste und war viel weniger städtisch geprägt und auf das gesellschaftliche Leben mit seinen Vergnügungen ausgerichtet als Majoren-

Luxushotel in Ķemeri. Architekt: E. Laube, 1936

hof oder Dubbeln. Dennoch entwickelte es sich vor dem Ersten Weltkrieg zu einem der meistbesuchten Bäder der Ostseeprovinzen. Dieser Aufschwung war nicht zuletzt auf den Eisenbahnanschluss 1877 und die Eröffnung einer direkten Verbindung zwischen Moskau und Kemmern im Jahr 1911 zurückzuführen. Die Tabelle (S. 119) veranschaulicht den stetigen Anstieg der Gästezahlen von 18 im Jahr 1830 bis auf 8.300 Personen 1914.[10]

Nach dem Ersten Weltkrieg und dem Zusammenbruch des Russischen Reiches wurde die Republik Lettland gegründet. Große Teile des früheren Einzugsgebiets des Seebades Rigascher Strand lagen jetzt im Ausland. Die Zahl der russischsprachigen Badegäste ging zurück, dagegen wurde Jūrmala von immer mehr West- und Nordeuropäern besucht, deren Aufenthalt durch die günstigen Einreisebedingungen befördert wurde. So durften die Bürger Estlands, Finnlands, Österreichs und Deutschlands aufgrund staatlicher Abkommen mit Lettland ohne Visum nach Jūrmala reisen, während Sowjetrussen dafür ein Visum benötigten.[11] In Rīgas Jūrmala war man bemüht, durch die Verbesserung der touristischen Infrastruktur, zahlreiche Eisenbahn-, Schiffs- und Flugverbindungen mit nordeuropäischen und westeuropäischen Städten sowie günstige ört-

Interieur des Luxushotels in Ķemeri, in der Zwischenkriegszeit

liche Preise neue ausländische Badegäste zu gewinnen. Zu diesem Zweck wurde in den 1930er Jahren das imposante, ganz in weiß gehaltene Hotel »Ķemeri« mit einer luxuriösen Ausstattung errichtet. Nicht zuletzt deshalb konnte in den 1930er Jahren die Gästezahl der Vorkriegsjahre wieder erreicht und mit 8.645 Kurgästen im Jahr 1937 sogar leicht übertroffen werden. Unter ihnen befanden sich einige Hundert Gäste aus Westeuropa. Anders als im Ersten Weltkrieg blieb Ķemeri im Zweiten Weltkrieg von dessen Auswirkungen verschont, sodass die Kureinrichtungen schon 1945 wieder eröffnet werden konnten. Nach dem Zweiten Weltkrieg wurden die Kapazitäten stark erweitert.

Verkehrswege und Fremdenverkehr

Von Beginn an kam ein Großteil der Badegäste aus Riga, vor dessen Toren die Badeorte mit ihrem kilometerlangen Strand liegen. Im Laufe des 19. Jahrhunderts wurden die Verkehrswege dorthin bedeutend verbessert. Dazu gehörten der Bau von Chausseen sowie die Einführung einer Diligence (Postkutsche) zwischen Riga und Dubbeln im Jahr 1824.

Dampfschiff in Dubbeln nach einem Stahlstich von W. S. Stavenhagen, 1866

Allerdings verkehrte die Diligence mit Namen »Arche Noah« nur am Sonnabend und am Montag und die Fahrt, die einen Rubel kostete, war gemessen am damaligen Lebensstandard teuer. Wer den Strand an anderen Tagen besuchen wollte, musste sich eine Equipage mieten, die erheblich kostspieliger war. Aus diesem Grund blieb die Reise zum Strand aus entfernten Orten zunächst Adligen und Großbürgern vorbehalten. Eine neue Qualität des Reisens begründete die Einrichtung einer Dampfschifflinie von Riga nach Dubbeln im Jahr 1844. Die Badegäste konnten nun preiswerter, schneller und ohne die Hitze und den Staub der Straße an die See gelangen. In der zweiten Hälfte des 19. Jahrhunderts verkehrten während der Saison auf der Kurländischen Aa sechs Dampfer. Der größte von ihnen, die »Undine«, konnte 500 Passagiere befördern und sie in kaum zwei Stunden von Riga nach Dubbeln bringen, während die übrigen Dampfer zweieinhalb bis drei Stunden benötigten.[12]

Die Aufnahme des regelmäßigen Eisenbahnverkehrs zwischen Riga und der westlich der Seebäder liegenden Stadt Tuckum im Jahr 1877 bedeutete eine weitere Verbesserung der Verkehrsinfrastruktur. Um die Jahrhundertwende entstanden in den Badeorten am Rigaschen Strand attraktive moderne Kuranlagen mit Parks, Alleen, Villen, Sport-

Am Rigaer Bahnhof: »Auf an den Strand!«, vor 1914

plätzen sowie Konzertbühnen. Die kleinen Badeorte entwickelten sich zu Zentren des gesellschaftlichen Lebens, eine eigene Bäderarchitektur entstand und sportliche sowie gesellschaftliche Angebote wurden weiter ausgebaut.

Die Anreise der Badegäste von Riga zum Rigaschen Strand verkürzte sich mit der Eisenbahn auf ca. eine Stunde, wogegen sie mit dem Schiff zwei bis drei Stunden dauerte. »Mit dieser großen Verbesserung«, konstatiert der Schriftsteller Andrejs Johansons, »hatte das ›Mittelalter‹ des Rigaschen Strandes ein Ende.«[13]

Badegäste am Rigaschen Strand (1848–1914)[14]

Jahr	1848	1873	1880	1900	1914
Badegäste	1.750	18.000	30.000	50.000	60–80.000

Die Bahnverbindung begünstigte auch die Anreise der Badegäste aus anderen Teilen des Russischen Reiches. Besucher kamen aus den west- und mittelrussischen Gouvernements Witebsk, Orjol, Smolensk, Moskau und Kasan. Der Rigasche Strand wurde ein allrussischer Bade-

»Elektritschka« unterwegs zum Strand, 2010

ort. Noch nach dem Ausbruch des Ersten Weltkriegs, als die Zahl der Badegäste zurückging, berichtete die *Rigasche Zeitung* im Jahr 1915 über Pläne, den Eisenbahnverkehr zu den Kurorten zu intensivieren. In den beiden Hauptstädten St. Petersburg und Moskau, in Odessa, Kiew, Charkow, Warschau, Kasan, Nishni Nowgorod und Riga sollten Reisebüros für den Verkauf von Fahrkarten und Schlafwagenplätzen eingerichtet werden, »wobei Kurgäste den Vorzug vor anderen Passagieren genießen sollen«[15].

Die weitere Modernisierung der Verkehrswege erfolgte in der Zwischenkriegszeit, in der sich die lettische Regierung sehr um die Weiterentwicklung des Tourismus bemühte. In den 1930er Jahren fuhren die Züge vom Rigaschen Hauptbahnhof während der Saison halbstündlich in die Badeorte und die Fahrtdauer betrug zwischen 30 und 90 Minuten, je nach der Entfernung des Ziels. Vor dem Zweiten Weltkrieg wurde zwischen Riga und Jūrmala eine Schnellstraße gebaut, die die Fahrt zum Strand mit dem Privatauto erleichterte.

Nachdem Lettland im Zweiten Weltkrieg besetzt und als Lettische SSR der Sowjetunion angegliedert worden war, wandelte sich auch der Charakter der Seebäder. In den 1950er Jahren verband die erste elektrische Eisenbahn Riga mit Jūrmala. Durch die Verbesserung der Verkehrsverbindungen rückten die Seebäder immer näher an die Stadt heran, sodass sie wie Vororte der Großstadt erschienen. Jede Stunde fuhren mehrere »Elektritschki« (elektrische Triebwagen) zum Strand, der nun Bestandteil des Rigaschen Alltags geworden war. Die Möglichkeit des häufigen Aufenthaltes am Meer nahm dem Erlebnis Strand viel von der Faszination, die es im 19. Jahrhundert besessen hatte.

In der Sowjetzeit spielte die Eisenbahn eine wichtige Rolle für den staatlich gelenkten Massentourismus. Jūrmala, das schon einmal in seiner Geschichte ein »allrussischer« Urlaubsmagnet gewesen war, etablierte sich in der Nachkriegszeit als »allsowjetisches« Erholungszentrum. Hier gab es rund 40 Sanatorien, etliche Dutzend betriebs- oder parteieigene Erholungsheime, mehrere Hotels sowie 23 Pionierlager.[16]

Natur und Stadt

Der Rigasche Strand mit seinen vereinzelt stehenden Fischerhäusern, Badehäuschen und Badekarren war Anfang des 19. Jahrhunderts noch weitgehend naturbelassen. Es ist überliefert, dass Badegäste in dieser Zeit im Strandwald und auch am Strand gelegentlich noch wilde Tiere wie Wölfe, Luchse oder Bären beobachten konnten.[17]

Die Erfahrung des einfachen Lebens bot sich den Städtern auch beim Aufenthalt in den hölzernen Fischer- und Bauernhäusern, deren Besitzer sie ihnen im Sommer als Unterkunft zur Verfügung stellten. Die Schriftstellerin Johanna Conradi schildert die Wohnverhältnisse der Badegäste in der ersten Hälfte des 19. Jahrhunderts folgendermaßen: »Es ist nicht lange her, dass, bis auf wenige Ausnahmen, auch der reiche Badegast [...] nicht anders wohnen konnte, als in dem schwarz beräucherten Bauernhause, welches, im Winter von dem ganzen Gesindepersonal bewohnt, zugleich ein Aufenthalt des verschiedensten Ungeziefers war. Man schickte dann wohl, wo es möglich war, ehe man die Wohnung bezog, ein paar Leute voraus, welche die schwarzen Wände mit Kalk übertünchend, ihnen einen Schein von Reinlichkeit gaben, welcher allmählich wieder verschwand, da im Laufe der Badezeit die Gäste selbst die vergängliche Tünche bei jeder Berührung der Wände wieder abwischten.«[18]

Es dauerte aber nicht lange, bis die Seebäder städtisch überformt wurden. Die Entwicklung der Orte zu Zentren des Badetourismus

Naturlandschaft Rīgas Jūrmalas: Fichten und Strand, nach 1918

setzte schon in der ersten Hälfte des 19. Jahrhunderts mit der Errichtung von Gebäuden für gesellschaftliche und kulturelle Zwecke ein. Die ersten Kurhäuser waren bereits mit Tanzsälen, Leseräumen, Billardzimmern sowie Restaurants ausgestattet. Um die Jahrhundertwende entstanden neue Hotels und öffentliche Gebäude, auch die soziale Infrastruktur wurde verbessert. In Majorenhof eröffnete 1877 die erste Apotheke des Rigaschen Strandes, 1882 folgte das Post- und Telegrafenamt, 1895 ein Marktgebäude. Ein Reiseführer durch den Rigaschen Strand registrierte vor dem Ersten Weltkrieg: »Die einstige Waldeinsamkeit hat einem rein städtischen Treiben Platz machen müssen. Wo einst der Waldboden nur Strickbeeren (Preiselbeeren) und ›Riezchen‹ (Pilze) kostenlos darreichte, halten heute zahllose Buden und Magazine alles feil, was Männlein und Weiblein zur Leibes- und Lebensnotdurft brauchen oder auch nicht brauchen.«[19]

Mit dem Ausbau einer urbanen Infrastruktur wurden die Badeorte für jene Gäste attraktiver, die auch am Meer die Annehmlichkeiten des städtischen Lebens schätzten.

Für den Besuch des Gottesdienstes wurden für Einheimische und Badegäste in den Ostseebädern Kirchen und andere konfessionelle Ein-

Fischerhüten am Rigaschen Strand, vor dem Ersten Weltkrieg

Gesellschaftsleben am Strand von Majorenhof, vor 1914

Evangelisch-lutherische Kirche in Dubulti, erbaut 1909 von W. Bockslaff

Orthodoxe Kirche in Dubulti, erbaut im 19. Jahrhundert, 2009

Holzvilla in Dubulti, 1902 erbaut, 2009

richtungen gebaut. Vor dem Ersten Weltkrieg existierten am Rigaschen Strand eine Synagoge, je eine lutherische und orthodoxe Kirche in Alt-Dubbeln sowie eine katholische Kirche in Majorenhof, eine lutherische und eine orthodoxe Kirche in Edinburg.[20] Orthodoxe Kirchen entstanden in den Badeorten erst spät und stellten nicht nur eine Reaktion auf die verstärkte Russifizierungspolitik Ende des 19. Jahrhunderts dar, sondern auch auf die wachsende Zahl russischer Badegäste im Baltikum. Die orthodoxen Kirchen von Dubbeln und Kemmern sind heute noch erhalten.

Der Rigasche Strand wandelte sich im Laufe des 19. Jahrhunderts von einer Naturlandschaft in einen Ort gesellschaftlicher Repräsentation. Edinburg wurde gar mit dem »Westend« der Großstädte verglichen: »Die vornehmen, bisweilen pompösen und größtenteils von den Eigentümern bewohnten Villen und die umgebenden, wohl gepflegten und kostspieligen Gartenanlagen oder Parks verraten, dass die Villenbesitzer sich ihren schönen Sommersitz auch etwas kosten lassen können.«[21]

Holzvilla im neogotischen Stil in Majori, 2009

Die städtische Bebauung und die soziale Infrastruktur der Badeorte des Rigaschen Strandes waren allerdings vor dem Ersten Weltkrieg im Vergleich zu den mondänen westeuropäischen Bädern noch recht bescheiden. Aus diesem Grund vermerkte ein Reiseführer, dass man Einheimischer sein müsse, »um das Vergnügen und die Gemütlichkeit in der Beschränktheit der äußeren Umgebung jener Jahre ganz genießen zu können, wo der patriarchalisch-familiäre Zusammenschluss und die Gemeinsamkeit im Genießen aller Strandfreuden den Badegast die Mängel und die im Vergleich zu ausländischen Bädern doch verhältnismäßig große Ärmlichkeit der Strandeinrichtungen nicht spüren ließ«[22]. Ein russischer Reisender resümiert nach seiner Fahrt an den Rigaschen

Strand: »Meine Sympathien liegen recht auf der Seite des Strandes. Natürlich mangelt ihm viel, sehr viel im Sinne der besseren Einrichtung, besseren Sauberkeit und sanitären Bedingungen, aber was ihm die Natur gab, ist einfach schön.«[23]

Anders als in Westeuropa war am Rigaschen Strand vor dem Ersten Weltkrieg das Baden ohne Bekleidung neben dem im Kostüm (zeitgenössischer Begriff für Badebekleidung) üblich. Ein Reiseführer aus dem Jahr 1911 informierte über das Baden ohne und mit Kostüm.[24] Das Baden ohne Kostüm am Meeresufer war für Männer bis 10 Uhr morgens und für Frauen zwischen 10 und 1 Uhr, innerhalb der nach Geschlechtern getrennten Badeanstalten den ganzen Tag gestattet.[25] Erst 1913 wurde eine Badebekleidung vorgeschrieben und das Baden ohne Kostüm verboten. Allerdings gibt auch der Führer aus dem Jahr 1935 noch Hinweise auf Badestunden ohne Bekleidung für Frauen und Männer.[26]

Die Vielfältigkeit des Rigaschen Strandes erlaubte einen Aufenthalt in einem Badeort, der den individuellen Bedürfnissen entsprach: im mondänen Majorenhof oder Bilderlingshof mit großen Hotels, Tennisplätzen und Kurmusik oder in den ruhigeren wie Karlsbad, Assern oder Kaugern.

Zahlreiche Deutschbalten schätzten vor allem das Familienleben in der Natur, »die Zwanglosigkeit und Breite der Lebensführung«, die sie am Strande genießen konnten. Reinhard Wittram skizziert in seiner bereits zitierten Familiengeschichte diese regelmäßigen Strandaufenthalte auf folgende Weise: »Im Grunde war es ein sehr anspruchsloses Dasein, das die allermeisten führten – charakteristisch war eben nicht der Komfort der wenigen, sondern die Genügsamkeit der vielen. Von den öffentlichen gesellschaftlichen Vergnügungen zog die baltische Gesellschaft sich immer mehr zurück.«[27] Allerdings gefährdete eine zunehmende städtische Besiedlung auch in diesen Badeorten das ländliche Idyll. Die Deutschbaltin Monika Hunnius schreibt in einem Brief vom 30. Juli 1876 aus Assern an ihren Onkel Eduard: »Viele Menschen, die von Asserns Stille und Einsamkeit gehört haben, haben sich jetzt angekauft, und nächstens werden sich hier, wie in Dubbeln und Majorenhof, stolze Villen erheben. Jedenfalls haben wir beschlossen, zu tun, was in unseren Kräften steht, um die Zivilisation von Assern fernzuhalten!«[28]

Mit den Vorzügen der Natur – dem Meer, dem 32 Kilometer langen Strand und dem Kiefernwald – wurde vor dem Ersten Weltkrieg wie auch in der Zwischenkriegszeit um Badegäste geworben. In einem

Badesteg in Majorenhof, vor 1914

Am Rigaschen Strand, 1919

Hotel »Jūrmala« in Majori, 1971 erbaut

deutschsprachigen Reiseführer, der 1935 in Leipzig erschien, ist zum Beispiel zu lesen: »Der Rigasche Strand ist eine ideale Einheit von Meer, Fluss und Wald, ein harmonischer Zusammenklang dieser drei Elemente mit unerreichter Heilwirkung auf Körper und Gemüt.«[29]

In der Sowjetzeit wurde der weitgehend noch ländliche Charakter vieler Badeorte Jūrmalas durch neu entstandene Gebäude gestört: mehrstöckige Erholungsheime unter anderem für Künstler und Mitglieder des Moskauer Künstlertheaters, Hochhäuser verschiedener Ministerien und Institutionen, Verwaltungsgebäude und Sanatorien – wuchtige Zweckbauten, die kaum individuelle Züge tragen. Sie wirken wie Fremdkörper in der Küstenlandschaft.

Das Bild Jūrmalas wird aber dennoch nicht von diesen Bauten geprägt, sondern von der reizvollen Holzarchitektur, die mit der natürlichen Umgebung des Strandes harmoniert. Jūrmala präsentiert sich auch heute noch als Ort mit einer relativ lockeren Bebauung und großen Grünflächen, auf denen zahlreiche Holzvillen liegen. Von den heutigen 12.000 Gebäuden stammen 4.000 aus der Zeit vor dem Zweiten Weltkrieg. Darunter befinden sich mehr als 400 Bauwerke von lokaler oder nationaler Bedeutung, die unter Denkmalschutz stehen.[30]

Eine Dominante Jūrmalas: das »Baltic Beach Hotel« in Majori, 2009

Ehemalige Badeanstalt von E. Racene, 1916 erbaut, 2010

Das internationale Leben des Rigaschen Strandes

In der Zusammensetzung der Bewohner und der Badegäste des Rigaschen Strandes vor dem Ersten Weltkrieg spiegelte sich die Vielfalt der Ethnien und Kulturen des russischen Vielvölkerstaats wider. Das Gros der Badegäste bestand aus Deutschbalten, Deutschen aus St. Petersburg und Moskau, Russen aus den Ostsee- sowie west- und mittelrussischen Provinzen, Polen, Juden und Letten, die sich über die einzelnen Orte des Rigaschen Strandes verteilten. Eine besondere Rolle spielten die Deutschbalten, die vor dem Ersten Weltkrieg die gesellschaftliche Elite der Ostseeprovinzen bildeten. In seinem Reisebericht über den Rigaschen Strand, der 1894 in Moskau unter dem Titeln »Bei unseren Deutschen« veröffentlicht wurde, bemerkt Sergei Fillipow: »Deutsche Ordnung, die in gewisser Weise ein Synonym für Langweile ist, fühlt man hier in allem.«[31] Nach einem Reiseführer, der 1899 in St. Petersburg erschien, unterschied sich die Zusammensetzung der Badegäste allerdings in den einzelnen Badeorten. In Majorenhof gab es zahlreiche ethnische Gruppen, in Dubbeln dominierten Juden, in Bildingshof erholten sich vorwiegend deutsche Kaufleute.[32]

Die Konzentration der Juden in Dubbeln, sowohl der Einwohner als auch der Badegäste, war auf die antijüdische Politik des Barons von Fircks zurückzuführen. Auf seinem Grund und Boden in Majorenhof, Karlsbad und Assern beschränkte er sowohl die Ansiedlung von Juden als auch ihre wirtschaftliche Tätigkeit. Juden wurde es nicht gestattet, ein Grundstück zu mieten oder in einem Hotel zu übernachten. Ein Journalist, der unter den Initialen E. P. den Artikel »Ende der Datschen Saison« veröffentlichte, erwähnt darin, dass Juden sich damals nur auf der linken Seite des Mellužu Prospekts und in Neu-Dubbeln ansiedeln durften.[33] Diese Information bestätigte Sergei Filippow, der vermerkt, dass die jüdische Bevölkerung abgesehen vom Kurhaus im übrigen Dubbeln und in Neu-Dubbeln lebe. Allerdings spricht er darüber hinaus von jüdischer Bevölkerung auch in Karlsbad und Assern.[34]

Trotz dieser Einschränkungen gab es am Rigaschen Strand kaum einen Ort, wo sich nur Personen einer Nationalität aufhielten. In einem Brief Iwan Gontscharows an den Großfürsten Konstantin Romanow von 1884 aus Dubbeln bezeichnet der russische Schriftsteller die Gegend als einen deutsch-polnisch-jüdisch-lettischen Kulturraum, meint aber zugleich: »Ein Amalgam von Deutschen, Letten, Juden und Polen und anderen verschmilzt noch nicht zu einer einheitlichen Masse.«[35] Die Internationalität des Rigaschen Strandes manifestierte sich in

№ 2 (77) Четвергъ, 23 мая 1913 г.

ВЗМОРЬЕ

Утренняя Курортная газета.

Редакція и контора: Н.-Дуббельнъ, Карлсбадская 14. Тел. 97. Рига, Мл. Королевская 15. Тел. 56-66.

Редакція открыта въ Дуббельнѣ по воскресеньямъ, вторникамъ и четвергамъ отъ 11½ до 1 ч. дня, въ Ригѣ по понедѣльник., средамъ и субботамъ отъ 11 до 1 час. дня.

Конторы открыты въ Ригѣ отъ 10 до 6 час. веч., а въ Дуббельнѣ отъ 10 до 3 час. и отъ 5 до 7 час. веч. По воскреснымъ днямъ только въ Дуббельнѣ отъ 10 до 1 ч. дня.

Подписная цѣна: на весь сезонъ съ пересылкой и доставкой по почтѣ одинъ рубль.

Отдѣльные номера въ розничной продажѣ по 2 коп.

Плата за объявленія: Городскія: на 1-й стран. 35 к., на 2-й и 3-й стран. 25 к., на 4-й стр. 12 к. за строку петита. Иногороднія: Впереди и среди текста 35 коп., позади текста 15 коп. за строку петита.

Выходитъ по воскресеньямъ, вторникамъ и четвергамъ.

И. Я. Аронсонъ. Пріемъ по зубнымъ болѣзнямъ отъ 10—2 и 4½—7 час. 1166 Новый-Дуббельнъ, Карлсбадск. 34. Рига, Сарайная 4. Тел. 7143.

Маіоренгофъ. Концертный садъ „ГОРНЪ“ КОНЦЕРТЫ Рижск. Симфоническ. Оркестра. (60 артистовъ). (60 артистовъ). Дирижеры: Георгъ Шнеефогтъ, Францъ фонъ Гесликъ. СОЛИСТЫ: I концертмейстеръ П. Меренблюмъ, II концертмейстеръ — Г. Венгертъ (скрипка), концертмейстеръ Я. де Ягеръ (віолончель), г-жа Ольга Профтъ (арфа).

По вторникамъ и четвергамъ симфон. концерты. Открытіе сезона: 26 мая 1913 г., въ 8 час. веч.

Входная плата по 50 коп., ученики и дѣти до 16 лѣтъ 25 коп. Чековыя книги изъ 10 бил. по Руб. 4.—. Сезонные билеты по Руб. 10.05, студенты (требуется предъявленіе легитимаціонной карточки), ученики и дѣти до 16 лѣтъ по Руб. 6.05. Сезонные билеты можно получать въ Маіоренгофѣ въ гостиницѣ Горна, въ Ригѣ въ музык. магаз. П. Нельднеръ.

ГОСТИНИЦА „БРЮКМАНЪ“ Дуббельнъ, Гончаровская 3, тел. 106. Открыта въ теченіе всего года. Гостиница совершенно вновь перестроена по образцу заграничныхъ курортныхъ отелей. Комнаты комфортабельно обставлены со всѣми удобствами. Собственный садъ, электрическое освѣщеніе, ванны, канализація, телефонъ и пр. При гостиницѣ Интернаціональный ресторанъ. Обѣды отъ 1—4 час. дня. Ужины отъ 9—2 час. ночи. Большой выборъ винъ и шампанскаго. Гостиница расположена въ нѣсколькихъ шагахъ отъ вокзала, кургауза и моря. Владѣлецъ И. КИСЕЛЕВЪ.

Гостиница „Европа“ Дуббельнъ, Карлсбадская 3, тел. 195. Гостиница открыта цѣлый годъ. Живописный уютный садъ. Свѣтл. меблиров. комнаты отъ 75 к. до 3 руб. за сутки. Можно посуточно, на недѣли, мѣсяцы и сезонъ. Комнаты съ полнымъ, частичнымъ пансіономъ и безъ пансіона. Хорошій ресторанъ. Завтраки, обѣды и ужины по абонементу и картѣ. Буфетъ открытъ до 2 час. ночи. Пиво и вина лучшихъ рижскихъ фирмъ. 2016 Владѣлецъ Г. Радовичъ.

Курортн. газета ВЗМОРЬЕ издается съ 21 мая по 15 августа 1913 г. Газета ставитъ своею цѣлью всестороннее освѣщеніе жизни и нуждъ Рижскаго взморья, удѣляя одновременно вниманіе и другимъ русскимъ курортамъ. Въ газетѣ печатается списокъ пріѣзжихъ. Условія подписки и объявленій см. въ заголовкѣ.

Русскій пансіонъ Невдачиной. — Кеммернъ, — уг. Александр. и Пчельной.

Первый діэтетическій пансіонъ „ВѢРА“ Кеммернъ, Эрнестинская 1, тел. 13. Строго индивидуальная діэта по указ. врачей. Вегетар. и полувегетар. столъ. Отпускъ обѣдовъ и ужиновъ.

Съ 20-го мая практикую въ КЕММЕРНѢ, Зеленая ул. 2, Д-ръ И. М. Певзнеръ.

Всѣ безъ исключенія заграничныя и русскія парфюмерныя производ. и аптекарск. товары **Алекс. Цейзингъ,** РИГА, Сарайная № 1, уг. Известковой. Телеф. 6318. Входъ съ Сарайной.

Открытъ пансіонъ „Эдинбургъ“ Эдинбургъ II, Военная ул. 8. Пансіонъ „Эдинбургъ“ расположенъ близъ вокзала, у самаго лѣса и въ 10 минутахъ отъ моря и Кургауза. Пансіонъ устроенъ по новѣйшему образцу и обставленъ полнымъ комфортомъ. Владѣлецъ А. Янсонъ.

Жизнь взморья.

Электрическая дорога Рига—Взморье.

Какъ извѣстно, вопросъ о постройкѣ трамвая Рига—Взморье рѣшенъ въ положительномъ смыслѣ.

По представленному предпринимателями проекту трасса проектируемой линіи намѣчается слѣдующимъ образомъ: Начало дороги выбрано въ городской чертѣ города Риги у Либавской улицы, затѣмъ дорога, пройдя нѣсколько верстъ по городской территоріи, пересѣкаетъ поселокъ „Сосновый“ и, перейдя мостомъ черезъ рѣку Аа, выходитъ на берегъ моря, по которому и идетъ вплоть до конечнаго своего пункта, мѣстечка Ассерна, причемъ направленіе ея параллельно Риго—Туккумской вѣтви, лишь на участкѣ отъ Бильдерлингсгофа до Ассерна. Общее протяженіе дороги 27 верстъ, изъ коихъ на протяженіи около 20 верстъ, а именно, до Маіоренгофа, дорога предполагается двухпутной, а дальше на остальномъ протяженіи однопутной, причемъ разъѣзды на этомъ участкѣ проектированы черезъ каждыя полторы версты. Проектируемая дорога дважды пересѣкаетъ Риго—Орловскую желѣзную дорогу, одинъ разъ недалеко отъ своего начала, и именно, у Либавской улицы, а второй разъ между станціями Пупе и Сосновый, причемъ она проводится надъ ней на віадукахъ. Кромѣ того, предприниматели предполагаютъ войти въ соглашеніе съ Акціонернымъ обществомъ рижскихъ трамваевъ на предметъ пропуска вагоновъ желѣзной дороги по линіямъ городского трамвая.

Предприниматели предполагаютъ осуществить проектируемую электрическую желѣзную дорогу на общихъ основаніяхъ уставовъ желѣзнодорожныхъ обществъ съ негарантированными облигаціонными капиталами.

Срокъ концессіи опредѣляется въ 60 лѣтъ. Срокъ выкупа — 20 лѣтъ со дня открытія на дорогѣ правильнаго движенія. Срокъ окончанія постройки — 2½ года со дня приступа къ работѣ.

Финансово-экономическая сторона предпріятія представлена предпринимателями въ такомъ видѣ: валовой доходъ — 723.690 р., расходы — 291.511 р. чистый доходъ 432.079 р.

Строительная стоимость дороги принята комиссіею въ 5.000.000 руб. дѣйствительныхъ, причемъ для образованія строительнаго капитала, а также для покрытія расходовъ по уплатѣ процентовъ по капиталу за время постройки и по выпуску акцій и облигацій, — предполагается выпустить акцій на 1.263.000 руб. нарицательныхъ и пятипроцентныхъ негарантированныхъ облигацій, реализуемыхъ по 82 проц., на сумму 5.052.000 р. нарицательныхъ.

За производствомъ изъ указаннаго чистаго дохода отчисленій: — въ запасной капиталъ, въ фондъ погашенія акціонернаго капитала, ежегодныхъ платежей по облигаціонному капиталу, чистая прибыль составитъ около 12% на акцію. Строитъ дорогу бельгійская компанія, во главѣ съ бывш. членомъ III Госуд. думы Р. Я. Эргардтомъ и ком. сов. Ю. И. Фогельзангомъ.

Новыя правила о купаньѣ.

Лифляндскимъ Губернаторомъ изданы новыя обязательныя постановленія о купаньи на взморьѣ. Согласно этимъ постановленіямъ на всемъ побережьи купальныхъ мѣстъ рижскаго взморья, купанье, какъ съ берега, такъ и съ мостковъ безъ купальныхъ костюмовъ воспрещается съ 6 часовъ утра до 10 час. вечера. Купанье въ костюмахъ допускается съ берега въ теченіе всего дня одновременно для лицъ обоего пола по всему побережью купальныхъ мѣстъ. Пребываніе публики на дюнахъ и морскомъ берегу разрѣшается повсемѣстно въ теченіе всего дня. Купанье, также исключительно въ костюмахъ, съ мостковъ, предназначенныхъ для лицъ обоего пола, допускается въ нижеслѣдующіе часы:

Утромъ до 10 час. — для мужчинъ,
„ съ 10 часовъ до 1 часа — для женщинъ,
съ 1 час. дня до 3 час. — для мужчинъ,
съ 3 час. дня до 5½ час. — для женщинъ,
съ 5½ час. до 10 час. — для мужчинъ.

Устройство купальныхъ будокъ на дюнахъ по всему побережью воспрещается, а существующія нынѣ подлежатъ сносу не позже 1 іюля. Допускается впредь устройство купальныхъ будокъ лишь на морскомъ берегу по особо утвержденному строительнымъ отдѣленіемъ губернскаго правленія плану и образцу, которые хранятся у полиціймейстера купальныхъ мѣстъ.

Устройство купальныхъ мостковъ.

Начаты постройкой по утвержденному плану купальные мостки въ Дуббельнѣ и Карлсбадѣ.

Бывшія купальныя будки сносятся, о постройкѣ взамѣнъ ихъ новыхъ пока не слышно.

Купальный сборъ

до вчерашняго дня достигъ суммы 5000 руб., противъ 7000 руб. за прошлый годъ.

Опозданіе поѣздовъ

на взморьѣ становится хроническимъ. Поѣзда не только приходятъ и уходятъ съ опозданіями на промежуточныхъ станціяхъ, но отходятъ не аккуратно изъ Риги, сплошь да рядомъ съ опозданіемъ на 5—15 минутъ. Объясняется это тѣмъ, что г.г. составители росписанія поѣздовъ на дачной дорогѣ мало считаются съ тѣмъ, есть-ли возможность подавать, съ требуемой росписаніемъ быстротой, порожніе составы поѣздовъ на ст. Рига II, переводить ихъ во время съ одного пути на другой и т. д. А между тѣмъ въ этомъ лежитъ главная причина опозданія поѣздовъ на дачной жел. дор. Пока не будетъ перестроена ст. Рига II — объ аккуратномъ движеніи дачныхъ поѣздовъ думать не приходится.

Централизація стрѣлокъ.

На станціяхъ Ассернъ, Карлсбадъ, Дуббельнъ и Маіоренгофъ уже приступили къ предваритель-

Die russischsprachige Zeitung »Wsmore« (Strand), 1913

einem vielfältigen kulturellen Strandleben, über das sich die russischsprachige Zeitung *Wsmore* (Strand) vor dem Ersten Weltkrieg wiederholt äußerte. In Dubbbeln spielte im Theater »Monplesier« eine jüdisch-deutsche Operettengruppe, in Edinburg gab es Konzerte mit jüdischer Musik. Die »Wohltätige Gesellschaft Majorenhof-Dubbeln« veranstaltete lettische Abende mit Theateraufführungen und Volksliedern. In Majorenhof gab die »Russische Aufklärungsgesellschaft« Feste am Meeresufer.[36]

Das Bäderpublikum war nicht nur hinsichtlich der Nationalität, sondern auch der sozialen Herkunft sehr gemischt. Der Schriftsteller Leonid Andrejew beschreibt in seinen Feuilletons »Reiseeindrücke. Riga – Ostsee« Edinburg als »ein aristokratisches, ruhiges, geziertes, ein wenig langweiliges und verschlafenes Örtchen«[37]. Nach seiner Anschauung waren alle Datschen Eigentumshäuser, alle Frauen »rassig« und schön und alle Männer höflich. Dagegen schildert er Majorenhof als »das populärste, lauteste und bunteste Städtchen« am Rigaschen Strand.

Zum Publikum des Rigaschen Strandes gehörten vor dem Ersten Weltkrieg vor allem Einheimische und Badegäste aus dem Russischen Reich. Die Zeitung *Wsmore*, in der im Juni des Jahres 1911 ein Artikel unter dem Titel »Ausländer am Strand« veröffentlicht wurde, berichtete von 160 Ausländern (im Jahr 1910 waren es 132), die die Polizeiverwaltung des Strandes registrierte. Die Mehrheit von ihnen bestand aus Staatsangehörigen des Deutschen Reiches und der österreichisch-ungarischen Monarchie. Zu Ausländern wurden auch Badegäste des Zarenreiches mit ausländischen Pässen gerechnet. In diesem Zusammenhang schrieb die *Rigaer Zeitung* im Jahr 1914: »Durch die Blätter geht die Notiz, dass ›471 Ausländer‹ nicht einer mehr oder weniger, am Rigaschen Strande wohnhaft sind. Das klingt so, als ob unser Strand allmählich weltberühmt geworden sei und Badegäste aus ganz Europa ihm zuströmen. In Wirklichkeit liegt die Sache ganz anders. Diese ›Ausländer‹ sind wohl fast alle ständige Einwohner Rigas oder anderer russischer Städte, die gleich den russischen Untertanen den Sommer am Strande verbringen und nur dank ihrem Pass, der bei der Polizei registriert wird, sich aus der Masse der Strandbewohner abheben.«[38]

In der Zwischenkriegszeit suchte sich der Ort als Sportveranstalter zu profilieren. Zum Schachturnier im Jahr 1937 versammelten sich Organisatoren und Schachspieler aus den übrigen baltischen Ländern, der Tschechoslowakei, Ungarn, Polen, Deutschland, Österreich, Finnland, Schweden und den USA. Auch in der Sowjetzeit fanden hier inter-

Sanatorium von Dr. Maximowitsch in Edinburg, vor dem Ersten Weltkrieg

nationale Sportveranstaltungen statt, wie zum Beispiel Tennisturniere in den Jahren 1975 und 1981 in Lielupe.

Schon im 19. Jahrhundert war der Rigasche Strand ein Magnet für Intellektuelle verschiedener Nationalitäten. Hier wohnten zeitweise die russischen Schriftsteller Iwan Gontscharow, Maxim Gorki, Nikolai Leskow und Leonid Andrejew. Maxim Gorki entwarf 1905 in der Edinburger Pension »Kewitsch« die ersten Skizzen zu dem Theaterstück »Feinde« und zu seinem Roman »Mutter«. Im Sanatorium »Maximowitsch« in Edinburg erholte sich Waleri Brjussow von Dezember 1913 bis Februar 1914. Er widmete der »traurigen«, »zornigen« und »rauen« Ostsee mehrere Gedichte, darunter das Gedicht »Winterliche Rückkehr zum Meer«. Vor dem Ersten Weltkrieg traten in Edinburg auch viele bekannte russische Sänger und Komponisten wie Fjodor Schaljapin, Alexander Glasunow, Igor Strawinski auf.[39]

Um die Jahrhundertwende verbrachten die bekannten lettischen Maler Jānis Rosentāls und Vilhelms Purvītis sowie der Schriftsteller Rudolfs Blaumanis die Sommermonate in Kaugurciems, Asari, Melluži und Dubulti. Besonders verbunden ist Jūrmala aber mit den Namen des weltbekannten lettischen Dichters Rainis (Jānis Pliekšāns) und seiner

Der berühmte lettische Dichter Rainis im Badeanzug, 1920er Jahre

Haus der lettischen Dichterin Aspazija in Dubulti, 2009

Frau Aspazija (Elza Pliekšāne), die in Marienhof in einem Holzhaus an der heutigen Jāņa Pliekšāna iela wohnten. Seit 1955 existiert hier ein Museum, das heute noch zu besichtigen ist. Das Aspazija-Museum in Dubulti befindet sich in dem Haus, das Aspazija nach dem Tode ihres Mannes kaufte und bis zu ihrem Tod im Jahr 1943 bewohnte.

In den 1920er und 1930er Jahren fanden in Jūrmala Treffen russischer Literaten und Sitzungen des Rigaschen Literaturkreises »Na struge slow« (Auf der Wortspitze) statt. Die literarische Tradition setzt sich nach dem Zweiten Weltkrieg fort. Zu einem Zentrum sowjetischer Schriftsteller entwickelt sich nun Dubulti, wo die Datschen des Vereins der Schriftsteller Lettlands und später das Kulturhaus für die Schriftsteller der gesamten Sowjetunion entstanden. Zu dieser Zeit arbeitete in Jūrmala Konstantin Paustowski, der hier seine Gedanken über die Arbeit des Schriftstellers verfasste. Er schrieb über seinen Aufenthalt in Dubulti: »[…] alles in Dubulty – Stille, leichte Einsamkeit, leere Ostsee, Dünen, Küstenkiefern und selbst die Gemütlichkeit des lettischen

Saisonarbeiter am Strand, 1920er Jahre

Landes – hilft mir sehr zu schreiben.«[40] In der Sowjetzeit besuchten Jūrmala die Dichter und Schriftsteller Iljia Erenburg, Alexander Twardowski und Konstantin Simonow.

Das Leben in den Strandorten war in den Sommermonaten ganz auf die Badegäste ausgerichtet, sodass man auf zusätzliche einheimische sowie saisonale auswärtige Arbeitskräfte angewiesen war. Der Aufenthalt der Badegäste am Rigaschen Strand wäre vor dem Ersten Weltkrieg ohne zahlreiche Händler nicht denkbar gewesen. Sie priesen ihre Waren vormittags auf den Straßen lautstark an. Unter ihnen befanden sich Angehörige verschiedener Nationalitäten, die auf den Verkauf bestimmter Waren spezialisiert waren. Der Theologe Hans Brandenburg beschreibt die damalige Atmosphäre so: »Die Fischer brachten lebendige Fische, alte Hökerweiber Eier, Beeren und Blumen, russische Gemüsegärtner mit gewaltigen Körben auf dem Kopf boten Gemüse und Wild an, Fleisch, Sahne, Milch, Brot – alles kam ins Haus [...]. Italienische Hausierer lobten ihre Korallenketten und Tataren selbst ge-

Badegäste am Strand in Majori, in der Zwischenkriegszeit

webte Teppiche [...] und dann kamen Chinesen mit langen Zöpfen auf dicken Schuhsohlen und boten seidene Tücher an [...].«[41]

Dieser Händlerzug, der sich entlang des Rigaschen Strandes von Villa zu Villa bewegte, war eine wirtschaftliche Notwendigkeit, da Lebensmittelgeschäfte und Märkte nicht in allen Badeorten existierten. Der niedergelassene Handel etablierte sich hauptsächlich in Dubbeln und Majorenhof, wo die Geschäfte einen Teil der Freizeitatmosphäre der Badeorte ausmachten. Allerdings gab es auch dort Straßenhandel. Bevor 1895 in Majorenhof ein Lebensmittelmarkt entstand, hatten Bauern Milchprodukte und Gemüse am Rande der Jomas iela verkauft. So wurde der Rigasche Strand in den Sommermonaten zu einem Transitraum für die zahlreichen Händler und Arbeitssuchenden. Die Tradition des Straßenhandels überlebte zwei Weltkriege. Auch in den 1940er bis 1960er Jahren – also zur Sowjetzeit –, in denen es an Lebensmitteln mangelte, gingen Fischer und Bauern durch die Straßen und boten Fisch, Eier, Gemüse und Milchprodukte an.

In der Sowjetzeit ergoss sich eine Flut von Badegästen aus der ganzen Sowjetunion über Jūrmala. Für viele von ihnen war es der westlichste Ort, den sie jemals besuchten. In den verstaatlichen Datschen

Pioniere in Jūrmala, 1970er Jahre

vor allem in Jaundubulti und Assari wurden Pionierlager eröffnet, wo Kinder verschiedener Nationalitäten sich in den Sommermonaten erholen konnten. Das Leben der Kinder war dort allerdings stark reglementiert. Gleiches galt für den Aufenthalt der westeuropäischen Heimattouristen, die Jūrmala in den 1970er Jahren nur in Gruppen und mit einer Führung besuchen konnten. Jūrmala, wo sich im Sommer auch sowjetische Parteifunktionäre aufhielten und offizielle Festtage der kommunistischen Partei mit Massendemonstrationen stattfanden, wurde jedoch nicht vollkommen sowjetisch. Es war auch ein Ort für politisch Andersdenkende, die hier eine Zuflucht aus dem sowjetischen Alltag fanden. Dazu gehörte auch Wladimir Wyssozki, Dichter, Schauspieler und Liedermacher, dessen Gedichte in der Sowjetunion schwarz kopiert wurden und den die sowjetische Regierung lange Zeit nicht außer Landes reisen ließ.

Die Geschichte des Rigaschen Strandes hat eine kulturelle Vielfalt hervorgebracht, die in der internationalen und sozialen Zusammensetzung seines Strandpublikums und im Erbe seiner zahlreichen Strandkulturen gründet. Dieser Eindruck stellt sich ein, wenn man die historischen Bauten betrachtet, alte Zeitungen liest oder die historischen

Die populären Sänger Karel Gott und Wladimir Wysotski in Jūrmala

Fotos im städtischen Museum Jūrmala durchsieht. Wie vor dem Ersten Weltkrieg sind Majori und Dubulti heute die wichtigsten Zentren des gesellschaftlichen und kulturellen Lebens, während Assari noch immer als ruhiger Ort zu bezeichnen ist. Die einzelnen Badeorte sind allerdings im 20. Jahrhundert mit dem Ausbau der Verkehrsnetze, der Gründung der Stadt Jūrmala und der Entstehung der Neubauten in der Sowjetzeit immer mehr zu einer Einheit zusammengerückt. Diese Einheit resultiert auch aus der gemeinsamen natürlichen Umgebung, gemeinsam erfahrenen gesellschaftlichen Umbrüchen und dem internationalen Flair des Gesellschaftslebens der zahlreichen Badeorte.

Anhang

Anmerkungen

Spuren im Sand

1 Vgl. Bajohr, Frank: »Unser Hotel ist judenfrei«. Bäder-Antisemitismus im 19. und 20. Jahrhundert, Frankfurt/Main 2005; Geisthövel, Alexa: Der Strand, in: Geisthövel, Alexa/Knoch, Habbo (Hrsg.): Orte der Moderne. Erfahrungswelten des 19. und 20. Jahrhunderts, Frankfurt/Main 2005, S.121–130; Gorsuch, Anne E./Koenker, Diane P. (Ed.): The Russian and East European Tourist under Capitalism and Socialism, Ithaca/London 2006; Jurmala. Priroda i kul'turnoe nasledie, Jurmala 2004; Old Pärnu: buildings and people, Tallinn 2006; Tilitzki, Christian/Glodzey, Bärbel: Die deutschen Ostseebäder im 19. Jahrhundert, in: Bothe, Rolf (Hrsg.): Kurstädte in Deutschland. Zur Geschichte einer Baugattung, Berlin 1984, S. 513–636.

Ostseebäder im geschichtlichen Wandel

1 Vgl. Zschauer, Christiane: Binz – Sellin – Göhren. Die Entstehung der bürgerlichen Seebäder auf der Insel Rügen, Rostock 2004, S. 6; Jochens, Birgit: Die Kaiserbäder auf Usedom: ein Vorort Berlins, Berlin 2006, S. 9.

2 Vgl. Laima, Slava (Ed.): Jurmala. Nature and Cultural Heritage, Riga 2004, S. 113; Fülberth, Andreas: Estland. Ein illustriertes Reisehandbuch, Bremen 1993, S. 110, 132; Kriwoscheew, E.: Narwa-Jyesuu, Tallinn 1978, S. 5.

3 Vgl. Hachtmann, Rüdiger: Tourismus-Geschichte, Göttingen 2007, S. 81.

4 Die Reise eines Gesunden in die Seebäder Swinemünde, Putbus und Doberan. Nach der Originalausgabe von 1823, Bad Doberan o.J., S. 66, 68.

5 Vgl. Karge, Wolf: Heiligendamm. Erstes deutsches Seebad, Schwerin 1993, S. 8.

6 Vgl. Prignitz, Horst: Von Badekarren zum Strandkorb. Zur Geschichte des Badewesens an der Ostseeküste, Leipzig 1977, S. 22.

7 Ebenda, S. 41.

8 Hunnius, Carl Abraham: Die Seebäder Hapsals, Reval 1853, S. 27.

9 Vgl. Walther, Justus Samuel: Kurze Nachrichten von denen Badeanstalten um und bey

der Stadt Reval und Hapsal, Reval 1816; Ilisch, Jakob Johann: Ueber das Seebad zur Belehrung für Badegäste, Reval 1826; Hunnius, Dr. C. A.: Die Seebäder Hapsals, Reval 1853; Dobroslawski, I.V.: Gapsalski kurort, St. Petersburg 1893; Antonov, A.: Gapsalski kurort, Revel 1891; Zon (Sohn), Dr. V.: Kurort Arensburg i ego letschebnye swoistwa, SPP, Petersburg 1910; Der Cur- und Seebadeort Pernau an der Ostsee von dem Stadtarzt P. Schneider. Der Eintrag ist zur Unterstützung armer Badegäste bestimmt, St. Petersburg 1891; Rigascher Strand. Ein Führer durch den Rigaschen Strand, Kemmern und Bad Magnushof. Mit einer historischen Einleitung von Dr. Leonid Arbusov jun., Riga 1911.

10 Vgl. Corbain, Alain: Meereslust. Das Abendland und die Entdeckung der Küste, Frankfurt/Main 1994, S. 329.

11 Kosegarten, Gotthard Ludwig Theobul: Armseliger Hütten sind mir noch nicht vorgekommen, in: Seydel, Renate (Hrsg.): Hiddensee. Geschichten von Land und Leuten, 5. Auflage, Berlin 2008, S. 29f.

12 Zit. nach: Gräfe und Unzer Verlag (Hrsg.): Die Kurische Nehrung – Eine Monographie in Bildern, Königsberg Pr. 1930.

13 Vgl. Barford, Jörn: Nidden. Künstlerkolonie auf der Kurischen Nehrung, Bremen 2005, S. 56.

14 Vgl. Lichtnau, Bernfried: Lyonel Feininger auf Usedom 1908–1912, in: Seydel, Renate (Hrsg.): Usedom. Ein Lesebuch, Berlin 2005, S. 231.

15 Lohfink, Ingeborg: Gast im »arabischen Zimmer«. Erinnerungen an Maxim Gorkis Aufenthalt in Heringsdorf, in: Seydel: Usedom, S. 238–241.

16 Vgl. Kriiska, Aivar u.a. (Hrsg.): Brief History of Pärnu, Pärnu 2002, S. 107f.

17 Vgl. Haas, Winfried: Das Baltikum aus der Sicht von Touristen. Ergebnisse einer Gästebefragung von deutschen Touristen in Estland, Lettland und Litauen. Studie Baltikum-Gäste 1994, Leipzig 1994, S. 16.

18 Vgl. Omilanowska, Malgorzata: Das Ostseebad Polangen und seine Bäderarchitektur in den Jahren 1870–1918, in: Kurilo, Olga (Hrsg.): Seebäder an der Ostsee im 19. und 20. Jahrhundert, München 2009, S. 208; Bauer, Hans-Ulrich: Holzhäuser aus Wolgast. Ikonen der Bäderarchitektur, Teil 1, Swinemünde 2010.

19 Vgl. Grei, Fred: Istorija kurortow: architektur, obschtschestvo, priroda, Moskau 2009, S. 124ff.

20 Vgl. 2. Blatt der Zoppoter Zeitung, 16. Juni 1930. Der Verband Deutscher Ostseebäder. Vortrag gehalten vom stellv. Verbands-Vorsitzenden Oberbürgermeister Dr. Laue im Ueberseeklub Danzig am 5. Juni 1930.

21 Cranzer Badezeitung Nr. 19, den 29. Juni 1913, S. 3.

22 Wzmore, Nr. 3, 23/05/1911, S. 3.

23 Über die Gemeinsamkeiten der deutschen Ostseebäder siehe Kolbe, Wiebke: Deutsche Ostseebäder um 1900. Bäderregionen von Nordschleswig bis zur Kurischen Nehrung im Vergleich, in: Kurilo: Seebäder an der Ostsee im 19. und 20. Jahrhundert, S. 15–32.

24 Vgl. 2. Blatt der Zoppoter Zeitung, 16. Juni 1930. Der Verband Deutscher Ostseebäder.

25 Vgl. Vortrag gehalten vom stellv. Verbands-Vorsitzenden Oberbürgermeister Dr. Laue im Ueberseeklub Danzig am 5. Juni 1930.

26 Vgl. Hachtmann: Tourismus-Geschichte, S. 125.

Zoppot – alter Glanz und neuer Anspruch

1 Vgl. Anlage zum Buch Szypowsca, Maria/Szypowsci, Andrzej: Sopot, Warszawa 1984, S. 2.

2 Vgl. Kämpfert, Hans-Jürgen: Zoppot im Rückblick, in: Gornig, Gielbert H. (Hrsg.): Deutsch-polnisches Symposium. Die Stadt Zoppot nach 100 Jahren in Rückblick und Gegenwart. Schriftreihe der Danziger Naturforschenden Gesellschaft, Bd. 7, Rheinbreitbach 2004, S. 41–53, hier S. 47.

3 Cornelius, Wilhelm: »Wanderungen an der Ostsee«, zit. nach: Kämpfert: Zoppot im Rückblick, S. 48.

4 Brandes, K. H.: Ausflug von Memel nach Muskau im Sommer 1859, Lemgo und Detmold 1860, zit. nach: Klein, H./Rosbach, Heike (Hrsg.): Ostpreußisches Hausbuch, 2. Auflage, Husum 1992, S. 401f.

5 Vgl. 1. Beilage zu Nr. 72 des Zoppoter Anzeigers, 8/08/1905.

6 Vgl. Hübner, Hans: Zoppot in Vergangenheit und Gegenwart, Heft 6. Führer des Staatlichen Landesmuseums für Danziger Geschichte, Danzig-Oliva Schloß o.J., S. 22.

7 Vgl. Schultz, Franz: Chronik der Stadt Seebad Zoppot. Im Auftrag der städtischen Behörden quellenmäßig gestellt, Hamburg 1976, S. 90.

8 1. Beilage zu Nr. 36 des Zoppoter Anzeigers, 18/07/1891.

9 Vgl. Ostseebad Zoppot seit 90 Jahren Stadt. Ausstellung des Westpreußischen Landesmuseums (4. Juli bis 3. Oktober 1992), Münster 1992, S. 12.

10 Vgl. Ostseebad an der Deutschen Riviera, Danzig 1910.

11 Inzwischen sind einige Ausstellungskataloge über Zoppoter Architekten erschienen. Vgl. Architekt Adolf Bielefeldt 1876–1934, Gdańsk 2003; Budowniczy Carl Kupperschmitt (1847–1915), Sopot 2004; Paul Puchmüller: architekt, który przemienił Sopot w miasto (1875–1942), Sopot 2008.

12 Zoppoter Illustrierter Führer von E. Püttner, 3. völlig neu bearbeitete Auflage, Danzig 1910, S. 5.

13 Zoppoter Sportwoche. Sonder-Beilage zur Zoppoter Zeitung 1930.

14 Vgl. Kämpfert, Hans-Jürgen: Gründung des Ostseebades Zoppot an der Danziger Bucht, in: Ostdeutsche Gedenktage: Persönlichkeiten und Historische Ereignisse. Kulturstiftung der deutschen Vertriebenen, Bonn 1998, S. 416.

15 Zoppoter Anzeiger und Badeliste, 20/09/1890.

16 Vgl. Cornelius: »Wanderungen an der Ostsee«, S. 47; Schultz: Chronik der Stadt Seebad Zoppot, S. 65.

17 Vgl. Cecilie, Kronprinzessin: Erinnerungen, Leipzig 1930, S. 67, 212.

18 Vgl. Cornelius: »Wanderungen an der Ostsee«, S. 49, siehe auch 1. Beilage zu Nr. 48 des Zoppoter Anzeigers, 10/06/1902.

19 Johann Georg Haffner. Die Seebadeanstalt zu Zoppot bei Danzig, hrsg. v. Danziger Naturforschende Gesellschaft, Lübeck 2007, S. 58.

20 Böttcher, I. G.: Der Seebade-Ort Zoppot bei Danzig in geschichtlicher, topographischer, staatlicher, naturwissenschaftlicher und sozialer Hinsicht; sein Sagenkreis und seine Wirksamkeit als Sanitäts-Anstalt, Danzig 1842, S. 190–194.

21 Vgl. Anlage zu Szypowska/Szypowsci: Sopot, S. 2.

22 Böttcher: Der Seebade-Ort Zoppot bei Danzig, S. 259.

23 Vgl. Wiadomości Literackie 1934.

24 Vgl. Zoppoter Zeitung, 19/06/1930.

25 Vgl. Zoppoter Zeitung, 8/07/1930.

26 Vgl. Zoppoter Zeitung, 8/08/1930.

27 Zum Thema Waldoper siehe: Lange, Carl (Hrsg.): Die Zoppoter Waldoper, Berlin 1927; Meyer, Friedrich Albert: Die Zoppoter Waldoper. Ein Weg zum neuen deutschen Theater, Berlin 1934; Wolting, Stephan: Bretter die Kulturkulissen markieren, Wrocław 2003; Buchholz-Todoroska, Małgorzata: Opera Leśna w Sopocie 1909–2009, Sopot 2009.

28 Vgl. Lange: Die Zoppoter Waldoper, S. 50–53.

29 Breitenstein, Gerhard v.: Lebenserinnerungen. Bd. 2. Die Danziger Zeit (1919–1927). Für die Veröffentlichung überarbeitet von Dr. Detlev von Breitenstein, o. O. 2007, DSHI 140 Balt. 522, 2, 42.

30 Vgl. Hübner: Zoppot in Vergangenheit und Gegenwart, S. 28.

31 Vgl. Buchholz-Todoroska: Schnappschüsse aus Zoppot, S. 33, 35.

32 Vgl. Hübner: Zoppot in Vergangenheit und Gegenwart, S. 3.

33 Vgl. 2. Blatt der Zoppoter Zeitung, 21/07/1939.

34 Vgl. 2. Blatt der Zoppoter Zeitung, 5/08/1939.

35 Zoppoter Zeitung, 12 und 13/08/1939.

36 Zoppoter Zeitung, 2/07/1935.

37 Vgl. Bajohr, Frank: »Unser Hotel ist judenfrei«. Bader-Antisemitismus im 19. und 20. Jahrhundert, Frankfurt/Main 2003, S. 126.

38 Berendt, Grzegorz: Die Danziger, Zoppoter und Gdinger Juden im 20. Jahrhundert. Ein historischer Vergleich, in: Brocke, Michael/Heitmann, Margaret/Lordick, Harald: Zur Geschichte und Kultur der Juden in Ost- und Westpreußen, Zürich/New York 2000, S. 198.

39 Vorposten. Das unabhängige und überparteiliche Sprachrohr Danzigs, Nr. 6, 27. Mai 1955, S. 5.

Das königliche Seebad Cranz – Entstehung und Wiederkehr eines Mythos

1 Vgl. Thomas, Dr. G.: Das königliche Ostseebad Cranz bei Königsberg in Pr., Cranz 1884, S. 10.

2 Die Ostpreußische Zeitung, Nr. 175 (1873).

3 Vgl. Unser schönes Samland, Nr. 2 (2007), S. 55.

4 Vgl. Otscherki po istorii Kranza, Kaliningrad 2002, S.1–18; Efremov, Leonid: Selenogradsk. Istorija, in: Baltika. Kaliningrad, Nr. 2 (2006), S. 51–54, hier S. 53.

5 Cranz. Eingangstor zur Wanderwelt der Kurischen Nehrung, o.J. o.O.

6 Vgl. Thomas: Das königliche Ostseebad Cranz, S. 9.

7 Vgl. Schlicht, Oscar: Das westliche Samland, Bd. II, Dresden 1922, S. 292.

8 Kollwitz, Käthe: Aus meinem Leben, München 1958, S. 31.

9 Petzold, Jörg: Die Klein- und Privatbahnen in Ostpreußen, in: EK Special 52: Ostpreußen zwischen Gestern und Heute, Freiburg 1999, S. 55.

10 Vgl. Papendick, Gertrud: Leichte Brise auf dem Seesteg, in: Wagner, Ruth Maria/Dikreiter, Otto: Ostpreußisches Panorama. Beliebte Autoren auf den Spuren der Vergangenheit, Würzburg 2003, S. 96–100, hier S. 97f.

11 Vgl. Gusovius, Dr. Paul: Eisenbahn, in: Der Landkreis Samland, zusammengestellt von Dr. jur. Paul Gusovius, Würzburg 1966, S. 198f.

12 Vgl. Cranzer Badezeitung und Amtliche Kurliste des Ostseebades Cranz. Amtlicher Anzeiger der Gemeinde Cranz, Nr. 1, den 1. Juni 1913, S. 3.

13 Führer durch Cranz. Saison 1902, Königsberg 1902, S. 20f.

14 Papendick: Leichte Brise auf dem Seesteg, S. 99.

15 Cranzer Badezeitung und Amtliche Kurliste des Ostseebades Cranz, Nr. 21 (1915), Cranz, den 2. Juli.

16 Vgl. Mielcarczyk, Dr.: Fremdenverkehrsgemeinde Ostseebad Cranz, in: Der Landkreis Samland, S. 627–643, hier 635.

17 Vgl. Gusovius, Dr. Paul: Fremdenverkehr, Sport, in: Der Landkreis Samland, S. 546.

18 Kannacher, Karl: Was bietet Cranz, in: Unser schönes Samland, 123. Folge, Herbst 1994, III/1994, S. 12f.

19 Vgl. Cranzer Badezeitung, 14/07/1914, S. 3; Cranzer Badezeitung, 2/09/1917, S. 1.

20 Vgl. Hoffmann, Dr. Bruno: Samland-Führer. Die ostpreußische Bernsteinküste, Königsberg 1937, S. 29. Die Zahlen, die Bruno Hoffmann hier angibt, stimmen nicht mit allen anderen Quellen überein. So schreibt der Führer durch Cranz aus dem Jahr 1902, dass die Frequenz der Saison 1901 9.170 Personen – ohne 150.000 Passanten – betrug (vgl. Führer durch Cranz, S. 20).

21 Vgl. Putewoditel po Kenigsbergu i prilegajuschtschim morskim kurortam dlja russkich puteschestwennikow pod red. Michaila Kantorowitscha, Königsberg 1912.

22 Vgl. Mielcarczyk, Dr. Georg: Fremdenverkehrsgemeinde Ostseebad Cranz, in: Der Landkreis Samland, S. 635; Papendick: Leichte Brise auf dem Seesteg, S. 98.

23 Vgl. Führer durch Cranz, S. 20f.

24 Wem verdanken wir die judenreinen Badeorte?, in: Deutsch-Soziale Blätter, 11.8.1906, S. 888. Zit. nach: Bajohr, Frank: »Unser Hotel ist judenfrei«. Bäder-Antisemitismus im 19. und 20. Jahrhundert, Frankfurt/Main 2003, S. 40, 59f.

25 Ortwig, Charlotte: »Wie Treibsand verweht«. Ein deutsches Schicksal im Ostseebad Cranz in Ostpreußen 1930 bis 1947, Marxen/Auental 1992, S. 41.

26 Ewert, Erna: Cranz: Aufzeichnungen 1945–1947, in: Kulturstiftung der Deutschen Vertriebenen (Hrsg.): Frauen in Königsberg 1945–1948, 5. Auflage, Bonn 1999. S. 39.

27 Vgl. Rosenbaum, Walter: Cranz und Nachbarorte, in: UsS, 142 F., Sommer 1999, II/1999, S. 17–20, hier S. 18.

28 Vgl. Architekturnye pamjatniki Kranca. Informazionnyi sprawotschnik, Litauen o.J., S. 25f., 29, 31.

29 Vgl. Kurort Zelenogradsk, Kaliningrad 1952, S. 3, 9, 21, 23.

30 Kaliningradski oblastnoi Sowet po turismu. Ottschetnyi doklad o rabote Soweta po turismu na perwoi konferencii Kaliningradskogo oblastnogo soweta po turismu, 24. marta 1965g., Gosudarstwenny archiw Kaliningradskoj oblasti (GAKO), f. 153, op. 1, ed. chr. 4, l. 1.

31 Vgl. ebd.

32 Vgl. Schumilowa, N. A.: Istorija korolewskogo kurorta, in: Kurortnye Wedomosti, 4 (37) 2006, S. 20f., hier S. 21.

33 Vgl. Kaliningradskaja oblast, Moskau 2007, S. 7f.

34 Siehe z. B. Kostjaschow, Juri/Kretinin, G.: Rossijane w wostotschnoi Prussii, Bd. 2: Dnewniki, pisma, sapiski, wospominanija, Kaliningrad 2001; Arutjunov, Nikolai: Putewoditel po-russki, ili wek spustja, in: »MK« Kaliningrad, 1.–8.03 2001, S. 21.

35 Odnoseltschane. Narodnaja powest, Kaliningrad 2006, S. 36, 78.

36 Owtschinnikova-Silinskaja, Nina: Kranz. Selinogradsk. Prerwannaja drushba. Dnewnik schkolnizy, Kaliningrad 2007, S. 9.

37 Vgl. Resee, Alfons de: Cranz im Lied, Kaliningrad 2005.

38 Vgl. Miegel, Agnes: Gedichte. Erzählungen. Erinnerungen, Düsseldorf-Köln 1965, S. 15.

39 Ortwig: »Wie Treibsand verweht«, S. 53.

Rigascher Strand – Vielfalt in der Einheit

1 Vgl. Rigascher Strand. Ein Führer durch den Rigaschen Strand, Kemmern und Bad Magnushof. Mit einer historischen Einleitung von Dr. Leonid Arbusow jun., Riga 1911, S. 16.

2 Vgl. Naumowa, Skaidrīte (Red.): Jūrmala. Kurortstadt, Riga 2006, S. 5.

3 Vgl. Henningsen, Monika: Der Freizeit- und Fremdenverkehr in der (ehemaligen) Sowjetunion unter besonderer Berücksichtigung des Baltischen Raums, Frankfurt/Main 1994, S. 172.

4 Vgl. Slawa, Laima (Hrsg.): Jurmala: priroda i kulturnoe nasledie, Riga 2004, S. 106.

5 Vgl. Belte, P.: Rīgas Jūrmalas, Slokas un Ķemeru pilsētas ar apkārtni, Riga 1935, S. 68; Slawa: Jurmala, S. 113.

6 Wittram, Richard: Drei Generationen. Deutschland, Livland, Russland 1830–1914, Göttingen 1949, S. 55.

7 Vgl. Filippow, Sergei: U naschich nemzew, in: Abysow, Ju. I. (Sost.): Ot Lifljandii – k Latwii. Pribaltika russkimi glasami, Bd. 1, Moskau 1992, S. 442.

8 Wittram: Drei Generationen, S. 56.

9 Vgl. Pabst, Erich: Ein Sommer im Strandhöfchen vor 100 Jahren, in: Jahrbuch des baltischen Deutschtums, Bd. XLVII 2000, S. 88; Adolphi, Renate: Erinnerungen meiner Mutter Gertrud Adolphi, geb. Blumenbach 1893 bis 1918 und 1939 bis 1945, Lüneburg 2004, S. 104; Burchard, Alexander: »... alle Deine Wunder«. Der letzte deutsche Propst in Riga erinnert sich (1872–1955), Lüneburg 2009.

10 Vgl. Henningsen: Der Freizeit- und Fremdenverkehr, S. 174.

11 Illustrierter Führer durch Lettland, Riga 1929, S. 31.

12 Vgl. Album Livländischer Ansichten, Mitau 1866, S. 5; Panteleewa, E.: Jurmala. Otscherk, Riga 1972, S. 8.

13 Johansons, Andrejs: Zwischen Aa und Meer, in: Baltische Hefte 12 (1966), S. 89.

14 Vgl. Henningsen: Der Freizeit- und Fremdenverkehr, S. 181.

15 Rigasche Zeitung, 22/05/1915, S. 2.

16 Vgl. Fülberth, Andreas: Lettland. Riga: Ein illustriertes Reisehandbuch, Bremen 1994, S. 145.

17 Vgl. Johansons: Zwischen Aa und Meer, S. 78; Koch, Sophie: Tiimmai, in: Erlebte Geschichte. Deutschbalten im 20. Jahrhundert. Ein Lesebuch, hrsg. von der Carl-Schirren-Gesellschaft e.V., Lüneburg 2002, S. 20.

18 Zit. nach: Johansons: Zwischen Aa und Meer, S. 73f.

19 Rigascher Strand, S. 34.

20 Vgl. Rishski schtrand (Assern Karlsbad, Dubbeln, Maiorengof, Edinburg, Bilderlinggof) s kurortnoi totschki srenija. Doklad w soedinennom sasedanii 16-go okt. 1910 g. fisiomedizinskogo ob-wa w Moskwe, o.O. o.J.

21 Rigascher Strand, S. 28.

22 Ebd., S. 14.

23 Filippow: U naschich nemzew, S. 445.

24 Rigascher Strand, S. 21.

25 Vgl. Pabst: Ein Sommer im Strandhöfchen vor 100 Jahre, S. 94.

26 Vgl. Illustrierter Führer durch das schöne Lettland, Leipzig 1935, S. 136.

27 Wittramm: Drei Generationen, S. 60.

28 Hunnius, Monika: Wenn die Zeit erfüllet ist. Briefe und Tagebuchblätter, hrsg. von Anne Monika Glasow, 4. Auflage, Heilbronn 1959, S. 37.

29 Illustrierter Führer, S. 130.

30 Vgl. Slawa: Jurmala, S. 275.

31 Fillpow: U naschich nemcew, S. 443.

32 Vgl. Andrejew, Leonid: »Won is etoi tolpy«, in: Shurawlew, Rishskoe wsmore v shisni i twortschestwe russkich literatorow, Riga 2006, S. 10.

33 P., E.: Konez datschnogo sesona. »Wetschernee vremja« Nr. 33 1932, in: Abysow, Ju. I. (sost.): Ot Lifljandii – l Latvii. Pribaltika russkimi glazami, T. 1, Moskau 1992, S. 461.

34 Vgl. Filippow: U naschih nemzew, S. 442.

35 Brief I.A. Gontscharows an Konstantin Romanow, 27. Junja 1884, Dubbeln, in: Shurawlew, Sergei: Rishskoe wsmore, S. 1f.

36 Vgl. Wzmore 26/05/1911, S. 2; 5/06/1911, S. 2; 9/06/1911, S. 2; 21/05/1913, S. 2; 21/05/1913, S. 2.

37 Andrejew: »Won is etoi tolpy«, S. 10.

38 Rigasche Zeitung, 11/07/1914.

39 Russkie pisateli w Jurmale, MS Stadmuseum Jurmala o. J., S. 21.

40 Zit. nach: Russkie pisateli w Jurmale, MS, S. 37.

41 Brandenburg, Hans: Baltische Träume, Wuppertal 1978, S. 79.

Nachwort

Das vorliegende Buch ist das Ergebnis zweijähriger Forschungsarbeit in Deutschland (Berlin, Marburg, Lüneburg, Münster), Polen (Gdańsk, Sopot) und Russland (Kaliningrad, Selenogradsk), die durch die M.C.A. Böckler-Mare Balticum-Stiftung gefördert wurde. Es stellt einen weiteren Schritt in der grenzüberschreitenden Betrachtung der Bäderkultur im Ostseeraum dar. Das Buch entstand im Anschluss an die Publikation »Seebäder an der Ostsee im 19. und 20. Jahrhundert« (Hrsg. v. O. Kurilo, München 2009) und die gleichnamige Wandererausstellung, die im Oktober 2010 im Herder-Institut in Marburg eröffnet wurde. Im Zentrum der Thematik stehen hier vor allem drei Bäder an der Ostsee Zoppot/Sopot, Cranz/Selenogradsk und Rīgas Jūrmala.

Die Namen der Seebäder haben sich infolge des politischen Wandels und ihrer Zugehörigkeit zu anderen Staaten nach dem Ersten Weltkrieg und nach dem Zweiten Weltkrieg geändert. Aus diesem Grund tragen sie im Text je nach dem behandelten Zeitraum unterschiedliche Namen, z. B. hieß die Kette der Ostseebäder bei Riga bis zum Ersten Weltkrieg Rigascher Strand, in der Zwischenkriegszeit Rīgas Jūrmala und Jūrmala seit der Sowjetzeit.

Diese drei Ostseebäder wurden aus verschiedenen Gründen ausgewählt. Sie alle liegen nicht weit von Großstädten entfernt – Danzig/Gdańsk, Königsberg/Kaliningrad, Riga/Rīga –, verfügen über eine Beziehung zu deutscher Geschichte und Kultur und haben die beiden Weltkriege und die sowjetische bzw. kommunistische Zeit erlebt. Die genaue Betrachtung dieser Ostseebäder erlaubt nicht nur den lokalen Vergleich zwischen ihnen, sondern auch einen Vergleich im europäischen Maßstab.

Bei meiner Forschungsarbeit und meinen Recherchen zum Thema der Publikation haben mich zahlreiche Menschen und Organisationen in Deutschland, Polen und Russland unterstützt. Vor allem bedanke ich mich bei Hans-Georg Klemm (Uttenreuth), Evgeny Dvoretski (Hamburg), Klaus Lunau (Langenhagen), Richards Petersons (Riga), Inga Sarma (Jūrmala), Małgorzata Buchholz-Todoroska und Justyna Gibbs (Sopot), Natalija Schumilowa (Selenogradsk).

Außerdem geht mein herzlicher Dank an die Mitarbeiterinnen und Mitarbeiter des Herder-Instituts e.V. Marburg, des Deutschen Kulturforums östliches Europa Potsdam, des Ostpreußischen Landesmuseums und der Carl-Schirren Gesellschaft in Lüneburg, des Kulturzentrum Ostpreußen in Ellingen und des Westpreußischen Landesmuseums in Münster für informative Gespräche, Anregungen und den Zugang zu wichtigen Buch- und Bildbeständen.

Berlin, Dezember 2010

Olga Kurilo

Abbildungsnachweis

Baltika Kaliningrad Nr. 2 (2006) *103, 104*

Bibliothek der Polnischen Akademie der Wissenschaften, Gdańsk 64

Carl-Schirren-Gesellschaft e.V. *133 oben*

Die Reise eines Gesunden in die Seebäder Swinemünde, Putbus und Doberan. Nach der Originalausgabe von 1823, Bad Doberan o.J. *17 links*

Friedrich, Uwe (Illustrationen) *14, 44, 76, 110, 146*

Herder-Institut e.V. *13, 39, 48, 55 unten, 66, 111, 123, 126, 128*

Museum Sopot *32, 46, 49, 53, 56, 58, 59, 60, 65, 69, 71, 72, 73 (Fotos: Tadeusz Pruszek)*

Nordost-Bibliothek Lüneburg *133 unten (2-Rig-Spo-5)*

Ostpreußen und Königsberg vor dem Ersten Weltkrieg. Ansichtskarten aus der Sammlung der Frau Geheimrat Koschwitz, DVD, hrsg. von der Landsmannschaft Ostpreußen *27 oben, 33 oben, 37 oben*

Ostpreußisches Landesmuseum *23, 24, 77, 79, 81, 99 unten (Foto: N. Melnitschenko, 1991), 100*

Ostseebilder. Georg Gelbke. Richard Birnstengel. Motive der Kurischen NehrungTexte und Auswahl von Andreas Albert, hrsg. vom Kulturzentrum Ostpreußen, Ellingen/Bay., Husum 2002 *43*

Prignitz, Horst: Vom Badekarren zum Strandkorb. Zur Geschichte des Badewesens an der Ostseeküste, Leipzig 1977 *15, 19*

Privatbesitz Kurilo *17 rechts, 22, 25 unten, 30 oben, 33 unten, 37 unten, 38, 45, 50, 54, 55 oben, 63, 74, 75, 78, 91, 101, 102, 106, 107, 108, 109, 129, 130, 131, 135 oben, 137, 141*

Reymann, Gunther *41*

Sammlung Dvoretski *83 oben, 84 oben, 88/89, 97 unten, 99 oben*

Sammlung Klemm *27 unten, 31 unten, 80, 83 unten, 84 unten, 85, 87, 92, 97 oben*

Sammlung Pētersons *112/113, 114, 120*

Album Livländischer Ansichten, Mitau 1866 *13*

Staatsarchiv Kaliningrad *94, 95, 96*

Stadtmuseum Jūrmala *28 unten, 30 unten, 36, 116, 117, 118, 119, 121, 127, 134, 139, 140, 142, 143, 144, 145*

Tervitusi Haapsalust. Greetings from Haapsalu. Terveiset Haapsalusta. Postcards and Photos from Rein Meister's und Läänemaa Museum's Collections, Tallinn 2006 *28 oben*

Saaremaa Museum *31 oben*

Westpreußisches Landesmuseum *47, 52, 67*

Wrase, Gerhard *25 oben, 124, 135 unten*

Sollten trotz sorgfältiger Nachforschungen nicht alle Rechteinhaber ermittelt worden sein, so bitten wir um Mitteilung an die Autorin oder den Verlag.

Die Autorin

Olga Kurilo ist habilitierte Osteuropahistorikerin und Privatdozentin an der Europa-Universität Viadrina Frankfurt (Oder). Ihre Forschungsschwerpunkte sind die Geschichte des Baltikums, Erinnerungskultur, Tourismus im Ostseeraum und Deutsche in Osteuropa.